Texte de **Olivier Roland**

Illustrations de **Vaïnui de Castelbajac**

TOUT LE MONDE N'A PAS EU LA CHANCE DE RATER SES ÉTUDES

Tome 1

APPRENDRE EN S'AMUSANT OU COMMENT S'ÉDUQUER EFFICACEMENT AU XXIE SIÈCLE

ALISIO

« À TOUS LES REBELLES INTELLIGENTS DU MONDE, DONT L'ÉTINCELLE EN EUX LES POUSSE À ACCOMPLIR QUELQUE CHOSE DE DIFFÉRENT. »

UNE FORMATION GRATUITE EN COMPLÉMENT DE CE LIVRE

L'époque à laquelle on se contentait de proposer des livres uniquement sous la forme papier est révolue, et c'est pourquoi j'ai préparé de nombreuses surprises à tous les lecteurs de cet ouvrage.

Vous pouvez trouver des formations vidéo gratuites, complémentaires à ce livre, et de nombreuses autres ressources supplémentaires, en vous rendant sur :

http://olivier-roland.com/formation

Ou en scannant ce code :

PRÉFACE DE XAVIER NIEL

L'objectif de l'éducation est de permettre aux jeunes de découvrir leurs talents et leurs passions, et de les transformer en compétences utiles pour la société, tout en leur donnant la possibilité de s'épanouir.

Cet idéal se confronte malheureusement bien souvent à une réalité beaucoup moins rose. En France, l'ascenseur social ne fonctionne plus – nous sommes le pays le plus mal noté de l'OCDE dans ce domaine, le système éducatif peine à s'adapter au monde moderne, et comme Olivier le rappelle plus loin dans cet ouvrage, beaucoup de gens font un métier qui ne les passionne pas.

Ayant moi-même quitté l'école à 17 ans pour créer ma première entreprise, et ayant commencé à apprendre l'informatique tout seul avec un ordinateur offert par mon père, je vois depuis longtemps le décalage entre ce que le système éducatif offre et promet, et la réalité.

Et comme je crois qu'il faut non seulement avoir un esprit critique et l'exercer, mais aussi proposer des solutions, j'ai eu à cœur d'offrir un nouveau modèle, à mon échelle, en créant avec des partenaires il y a quelques années une école qui a cassé de nombreux codes tout en aidant des milliers de jeunes défavorisés à apprendre un métier utile : le campus 42.

Jugez plutôt, car à 42 :

- Aucun diplôme n'est demandé à l'entrée. Vous pouvez être bac moins 2 comme Olivier, ou avoir un doctorat en physique nucléaire, cela n'a aucune importance. Ce qui importe, c'est simplement de démontrer vos compétences via divers tests… et d'être compatible avec la méthode très libre et responsabilisante de l'école.

- Il n'y a pas d'horaires classiques. L'école est ouverte 24 heures sur 24, 365 jours par an, car c'est l'école qui s'adapte à l'élève et non l'inverse. La notion que chacun doit étudier la même chose au même âge et à la même heure est obsolète.

- Il n'y a pas de cours, pas de cursus prédéfini. Il y a un tronc commun, et des options, et chacun peut valider ses modules comme il le veut, dans un système pédagogique gamifié. Certains mettent 2 ans à tout valider, d'autres 5. Chacun son rythme.

- Il n'y a pas de professeur : ce sont les élèves qui se notent entre eux.

- Nous apprenons aux étudiants à apprendre, et nous encourageons l'autonomie, la créativité, la débrouillardise, et un état d'esprit rebelle et critique sain orienté vers l'action.

- Nous encourageons la coopération entre les étudiants. Coopérer sur un travail, c'est souvent de la triche à l'école, alors que quasiment rien ne se fait seul dans le monde réel.

- Nous ne délivrons pas de diplôme, nous formons concrètement à un métier et à un état d'esprit. Nos élèves n'ont aucun problème à trouver du travail à la sortie de l'école, et 400 d'entre eux ont même décidé de créer leur start-up depuis le début de 42.

Ce système fonctionne tellement bien que nous avons ouvert une autre école en Californie, aux États-Unis, pays marqué par un coût de l'éducation absolument délirant.

Bien sûr, je ne prétends pas que ce modèle est la solution absolue aux problèmes de l'Éducation nationale ou du système américain : tout le monde n'est pas réceptif à une telle méthode basée sur l'autonomie. Et 42 se focalise sur l'enseignement de la programmation, ce qui laisse de côté de nombreux autres domaines.

Je pense néanmoins qu'un tel système est ce qui convient le mieux à une certaine partie de la population, ceux qu'Olivier appelle les « rebelles intelligents » : les créateurs, innovateurs, iconoclastes, entrepreneurs, les « briseurs de barrières », qui se sentent étouffés dans le système éducatif classique. Parfois au point de ne jamais s'épanouir comme ils le pourraient.

Et pour ceux que la programmation ou 42 ne tentent pas, ce livre est un excellent guide pour vous créer votre propre cursus, votre propre « école de la vie », beaucoup mieux adaptée à vos besoins.

Et je pense également que l'entrepreneuriat est une voie que davantage de rebelles intelligents devraient explorer : c'est une formidable manière de court-circuiter les systèmes établis, les monopoles archaïques, de relancer l'ascenseur social, de se lancer dans un projet passionnant, d'apporter de la valeur à la société, et de se réaliser.

Je crois d'ailleurs fondamentalement qu'un entrepreneur est plus capable de changer le monde qu'un homme politique, à toutes les échelles de la société, que vous vouliez créer un simple petit business pour en faire vivre votre famille, ou que vous vouliez créer un empire qui changera votre pays ou le monde.

Bien sûr, tout n'est pas tout rose, vous aurez votre lot de risques et d'épreuves, mais aussi, n'en doutez pas, de succès. C'est avec ces épreuves et ces succès que vous allez grandir, et en mettant en place certaines stratégies détaillées dans la 2e partie de ce livre*, vous minimiserez vos risques et les conséquences si vous échouez temporairement, et vous maximiserez vos chances de réussir.

La philosophie du livre que vous tenez entre les mains a de nombreux points communs avec la mienne : *Tout le monde n'a pas eu la chance de rater ses études* vous encourage à penser différemment, à comprendre les limites du système éducatif classique pour vous en affranchir, à apprendre à apprendre, à progresser tout au long de votre vie, à vous lancer dans un projet qui vous tient à cœur, et à vivre une vie qui vaut la peine d'être vécue tout en apportant de la valeur au monde.

Bref, à former votre esprit par vous-même, et à agir intelligemment. Bonne lecture !

Xavier Niel,
fondateur de Free

* NdE : La deuxième partie de ce livre fera l'objet d'un tome 2.

AVANT-PROPOS

Après avoir passé 4 ans à écrire *Tout le monde n'a pas eu la chance de rater ses études*, j'étais fébrile. J'avais tout donné pour créer le manuel du rebelle intelligent – le guide que j'aurai aimé avoir quand j'ai créé ma première entreprise à 19 ans – et même si j'avais déjà une audience de fans de mon travail, je ne pouvais m'empêcher de me poser la question : est-ce que cela allait être suffisant pour que le livre rencontre le succès ?

Je me rappelle comme si c'était hier dire à mon éditeur, quelques jours avant la sortie, « je suis à peu près certain que le livre va se vendre à 10 000 exemplaires, mais je ne sais pas si cela sera dans 3 mois ou dans 3 ans ».

Par un bizarre signe du destin, Tout le monde n'a pas eu la chance de rater ses études dépassa les 10 000 exemplaires vendus en 3 semaines, puis continua sur sa lancée pour atteindre les 100 000 exemplaires vendus, tous formats confondus*.

Dire que j'ai été dépassé (et aussi enthousiasmé !) par son succès serait un euphémisme. Et cela l'a été encore plus quand un éditeur américain m'a proposé de le traduire en anglais : il est aujourd'hui publié sous le titre *The Way Of The Intelligent Rebel* et est disponible dans toutes les bonnes librairies de tous les pays anglophones majeurs, États-Unis et Inde compris.

Et je ne compte plus le nombre de lecteurs qui, au gré du hasard des rencontres, m'ont confié que le livre les a inspirés à se lancer dans un projet ou une aventure

* Papier, numérique et audio

qui les tient à cœur, et qui pour certains a complètement changé leur vie.

Car en général le moyen pour le Rebelle Intelligent de s'épanouir est par le biais de la création : il peut s'agir d'une création artistique (écrire un livre, ou une pièce de théâtre), la création d'une aventure (un voyage autour du monde pendant d'un an), la création d'une entreprise...

Dans tous les cas, la création de sa propre aventure à travers la vie pour qu'il puisse s'épanouir, apporter beaucoup de valeur au monde, gagner beaucoup d'argent, et s'amuser comme un fou :)

Ce qu'il veut trouver dans ce voyage, c'est son « ikiguai », sa « raison d'être ».

Or, la plupart des rebelles intelligents ne sont pas conscients que le système n'est pas fait pour eux : les principes fondamentaux du système d'éducation moderne dans le monde occidental ont été principalement conçus au 19ème siècle pour créer de bons ouvriers d'usine, de bons employés et de bons soldats, pas de bons créateurs, explorateurs et entrepreneurs.

On peut dire la même chose de l'environnement de travail classique.

Par conséquent, beaucoup de Rebelles Intelligents peuvent se sentir comme des inadaptés, des marginaux, et ils ne comprennent pas que c'est une force, pas une faiblesse, s'ils jouent bien leurs cartes.

Le but de *Tout le monde n'a pas eu la chance de rater ses études* est de leur faire comprendre cela, de leur donner les bonnes cartes... et de partager la façon de les jouer de la manière la plus efficace.

Je crois que beaucoup de Rebelles Intelligents sont des braises prêtes à s'épanouir pour faire de magnifiques feux pleins de chaleur et de lumière... mais qu'ils ont été arrosés toute leur vie.

Je veux que ce livre soit la brise qui souffle sur certaines de ces braises, et les fait flamboyer.

Donc quand l'équipe de mon éditeur français les Éditions Leduc m'a proposé d'adapter le livre en BD, je me suis dit que ce serait l'occasion parfaite de toucher un nouveau public, et ainsi de souffler sur de nouvelles braises, tout en permettant aux lecteurs existants de découvrir le contenu sous un autre angle.

Adapter un livre pratique en BD, et en particulier un livre aussi volumineux (200 000 mots dans sa 2e édition) implique plusieurs défis.

Tout d'abord, comme il n'y a pas d'histoire comme pour un livre de fiction, il est très difficile de faire uniquement des vignettes de BD : cela prendrait trop de place ou rendrait confus l'explication de concepts pourtant clairs au format texte.

D'où le choix que j'ai fait avec mon éditeur de proposer un format mêlant texte et (nombreuses) illustrations, créées par la talentueuse Vainui de Castelbajac, avec qui j'ai eu un grand plaisir à collaborer.

Ensuite, il faut résumer, un exercice jamais facile pour un auteur. J'espère que vous trouverez comme mon éditeur et moi que nous avons réussi à distiller l'essence du livre dans une fraction de sa taille initiale :)

Et même avec le résumé, la taille initiale du livre fait qu'il était impossible de faire une seule BD du livre complet.

Nous avons donc fait le choix de faire un volume par partie majeure du livre : vous tenez entre les mains le 1er tome, dans lequel je montre les nombreux défauts du système éducatif, pourquoi il n'est pas n'a pas été conçu pour les Rebelles Intelligents, et pourquoi ceux-ci ne devraient pas compter uniquement sur lui pour leur éducation, puis je partage comment apprendre efficacement tout au long de votre vie (et pourquoi il est vital de le faire au 21e siècle).

Dans le 2e tome à venir, je partagerai comment créer une entreprise au service de votre vie, plutôt que votre vie soit au service de votre entreprise, pour accompagner votre démarche de Rebelle Intelligent pour créer l'aventure de votre vie.

Bonne lecture !

Olivier Roland

Les trois principes INCONTOURNABLES pour les rebelles intelligents

« L'HOMME QUI COMPREND LES PRINCIPES PEUT SÉLECTIONNER AVEC SUCCÈS SES PROPRES MÉTHODES. L'HOMME QUI ESSAIE LES MÉTHODES EN IGNORANT LES PRINCIPES EST SÛR DE RENCONTRER DES PROBLÈMES. »

– **Harrington Emerson**

1ER PRINCIPE : LE BON SCEPTICISME

Jeux olympiques de Mexico, 1968. Un grand dadais se balance nerveusement d'un pied sur l'autre, l'air concentré, poings serrés. La foule retient son souffle. Il semble hésiter, puis s'élance. Et saute au-dessus de la barre à une hauteur de 2,24 mètres, un record.

Son saut est tellement différent de ce que font d'ordinaire les athlètes que les juges hésitent même à l'annuler. Finalement, il est accepté et Dick Fosbury entre dans la légende, ainsi que sa technique, le **Fosbury-flop**.

Imaginons que vous soyez un athlète dans les années 60 et que vous entendiez parler d'une technique qui vous donnerait un avantage certain mais que cette fameuse technique va à l'encontre de tout ce que vous avez appris. Vous avez trois réactions possibles :

1 Le rejet pur et simple

2 La curiosité polie

3 L'intérêt motivé

Ces réactions vont être influencées par les preuves : les résultats sont-ils abondants, sérieux et visibles ?

C'est la même chose lorsque nous lisons des livres de développement personnel. Comment savoir si cela va nous aider ? Et si l'auteur mentait ? Et s'il se trompait ?

Ces doutes sont une puissante et insidieuse forme de démotivation. Cette forme de doute est toutefois saine et tout à fait normale, bien plus que le rejet total. Mais comment utiliser ce doute de manière intelligente pour nous pousser à l'action plutôt que de nous paralyser ?

Je vais vous paraître manichéen, mais pour moi il y a les bons et les mauvais sceptiques :

- ✓ Les mauvais sont ceux qui, lorsqu'ils découvrent une théorie nouvelle remettant en cause leur conception des choses, la rejettent illico.
- ✓ Les bons sceptiques sont ceux qui, lorsqu'ils découvrent une théorie nouvelle, se disent : C'est intéressant et les résultats décrits sont motivants. Comment puis-je tester par moi-même pour voir si cela fonctionne ?

Ces théories nouvelles et ces techniques, il faut les tester par vous-même pour voir si cela vous apporte quelque chose de concret.

SOYEZ SCEPTIQUE EN LISANT CE LIVRE

Mais soyez-le de la bonne façon ! En essayant, pour voir ce qui fonctionne pour vous.
Lors de cette lecture, prenez des notes et focalisez-vous sur les actions.

2e PRINCIPE : IL EXISTE DES MÉTHODES BIEN PLUS EFFICACES QUE D'AUTRES DANS DE NOMBREUX DOMAINES

Prenez quelques instants et levez la tête du livre pour regarder autour de vous.

Contemplez les objets qui vous entourent. Faites-le vraiment.

Ce verre, ce beau livre avec des photos en couleur, cet ordinateur, ce téléphone que vous avez dans la poche, cette ampoule électrique qui vous éclaire, votre micro-ondes, tous ces objets d'une banalité à pleurer apparaîtraient comme de véritables miracles aux yeux des grands-parents de nos grands-parents.

Tous ces objets ont été construits à l'aide d'une méthode qui, à un moment donné, s'est avérée plus efficace que la précédente. Comme le dit l'auteur William Gibson, « **le futur est déjà là. Il n'est juste pas encore bien réparti** ».

Voici un exemple d'une technique miracle, qui va :

- ✓ Jusqu'à doubler votre influence, c'est-à-dire jusqu'à doubler vos chances d'obtenir de quelqu'un qu'il accède favorablement à votre demande, que ce soit le fait d'acheter un produit, de vous donner son numéro de téléphone, etc.
- ✓ Faire en sorte que les gens vous apprécient davantage, se rappellent plus facilement de vous, vous perçoivent comme plus attirant.

Et ceci :

- ✓ En une à deux secondes
- ✓ Sans que cela ne vous demande de l'énergie, du temps, ou de l'argent
- ✓ Avec un temps d'apprentissage très, très faible ?

Cela vous paraît-il trop beau pour être vrai ? Encore une de ces méthodes miracles qui ne sont que de la poudre aux yeux pour les personnes crédules ?

Et pourtant : il suffit de toucher brièvement (une à deux secondes max) l'épaule ou l'avant-bras de quelqu'un à qui vous parlez pour bénéficier des effets décrits plus hauts. Eh oui, même si vous demandez de l'argent ou que vous proposez un rendez-vous galant.

Jugez-en aux études scientifiques publiées sur le sujet :

- ✓ Le fait de toucher quelqu'un dans la rue au moment de lui demander un peu d'argent fait passer le taux d'acceptation de 29 à 51 %[1].
- ✓ Le fait de toucher une femme dans la rue au moment de lui demander de répondre à un questionnaire sur un produit fait passer le taux d'acceptation de 43,1 à 67,1 %[2].

- Le fait de toucher une jeune femme rencontrée dans la rue en lui demandant son numéro de téléphone fait passer le taux d'acceptation de 10 à 19,2 %[3].
- Le fait de toucher une jeune femme dans une discothèque au moment de lui proposer de danser fait passer le taux d'acceptation de 43,3 à 65 %[4].
- Le fait de toucher un chauffeur de bus au moment de lui demander un ticket alors qu'il manque environ 7 % de la somme fait passer le taux d'acceptation de 35 à 60 %[5].
- Le fait pour une serveuse de toucher un client en lui demandant ce qu'il veut boire fait passer le pourcentage de clients donnant un pourboire de 10,8 à 24,6 %[6].
- Etc.

Comme vous le voyez, les effets sont très sensibles et se voient dans un grand nombre de situations.

Et est-ce que vous pensez qu'il est extraordinairement difficile de toucher quelqu'un une à deux secondes sur l'avant-bras ou l'épaule, que cela demande un entraînement de plusieurs années et le QI d'Einstein ?

Évidemment, non. C'est une technique extrêmement simple, que tout le monde peut faire, et qui demande très peu de pratique avant d'être intégrée dans les habitudes de tous les jours (je le fais personnellement sans m'en rendre compte).

De nombreux exemples de méthodes plus efficaces que d'autres existent partout. Prenons l'exemple de l'immobilier.

La méthode des parkings

Comment tripler la rentabilité d'un parking ? C'est très simple : il suffit de transformer un parking pour voitures en parking pour motos. Vous pouvez ainsi louer le même emplacement à trois conducteurs de moto au lieu d'un seul conducteur de voiture. CQFD. Est-ce que vous pouvez louer l'emplacement d'une moto au même prix que celui d'une voiture ? Oui, vous pouvez ! Très peu de propriétaires de moto vont prendre la peine d'argumenter en disant qu'un emplacement de parking pour moto prend moins de place qu'un emplacement pour voiture...

3ᴱ PRINCIPE : LA LOI DE PARETO

Au début du XXᵉ siècle, un économiste et sociologue italien a découvert une loi qui allait le rendre célèbre. Une loi simple mais terriblement puissante.

Désireux de comprendre d'où les riches et les puissants tenaient leur puissance, il étudia les données de nombreux pays à travers les siècles. Ses découvertes furent stupéfiantes.

Partout, quelle que soit l'époque donnée, une minorité de la population se partageait la majorité des recherches. En des proportions qui ne variaient que très légèrement, Vilfredo Pareto a constaté qu'en moyenne 20 % de la population se partageait 80 % des richesses.

Il était loin de se douter que cette loi économique aurait une portée bien plus universelle.

Dans les années 40, l'ingénieur Joseph M. Juran a démontré que la loi de Pareto pouvait s'appliquer à de nombreux problèmes liés à la qualité et que 80 % des problèmes étaient produits par 20 % des causes. À partir de là les découvertes se sont enchaînées autour de ce qu'on appelle le principe de Pareto ou la loi 80/20[7].

Le principe fonctionne en effet dans de nombreux domaines :

- ✓ 80 % de vos profits viennent de 20 % de vos clients
- ✓ 80 % de vos plaintes viennent de 20 % de vos clients
- ✓ 80 % de vos profits viennent de 20 % du temps que vous y passez
- ✓ 80 % de vos ventes viennent de 20 % de vos produits
- ✓ 80 % de vos ventes viennent de 20 % de vos commerciaux

Etc.

EN CONCLUSION

Est-ce que vous voyez à quel point ces trois principes fonctionnent en synergie ?
Vous partez à la recherche de méthodes plus efficaces que d'autres, puis vous les testez avec le bon scepticisme. Le 80/20 vous aidera à choisir dans quelle méthode vous investir plutôt qu'une autre, et à vous focaliser sur les 20% de travail qui vous amènent 80% de résultats.
Vous devenez alors très bons à des méthodes qui sont en elles-mêmes excellentes. Pensez-vous que cela vous donnera un avantage dans la vie ?

DU LYCÉEN BOUTONNEUX AU CHEF D'ENTREPRISE LIBRE ET HEUREUX

1995 : À 14 ans, j'investis presque toutes mes maigres économies pour acheter mon premier PC. C'est l'un des meilleurs investissements de ma vie. J'apprends tout seul à m'en servir. Internet est encore rare et je n'en ai pas entendu parler, donc j'emprunte des livres pour compléter ce que j'apprends avec mes expérimentations. C'est la première fois que j'utilise des livres pour apprendre tout seul quelque chose d'utile.

1999 : « Petit génie de l'informatique », comme ils disent à l'époque – entendez par là que je suis un *geek* plutôt timide qui osait à peine parler aux filles –, je remarque avec un ami le manque consternant de sociétés proposant du dépannage informatique à domicile. Nous avons alors l'idée de proposer ce service pour les particuliers. Nous n'avons que 18 ans et aucune idée de la façon dont il faut créer et gérer une entreprise.

Nous décidons donc de tester le concept sur le terrain en investissant environ 60 francs – oui, c'était avant l'euro – dans une petite annonce dans un journal gratuit local, proposant du dépannage à domicile pour 100 francs de l'heure. C'est bien trop bas, et oui, c'est au *black*, mais à 18 ans, ce genre de considérations ne nous dérange pas beaucoup.

Résultat : après un mois, nous réalisons 5 000 francs de chiffre d'affaires. Pas mal quand on est habitué à 50 francs d'argent de poche par semaine ! C'est le déclic qui me décide à arrêter les études et à créer mon entreprise. J'ai un bac moins deux. Mon ami préfère la voie sage et continue son cursus.

2000 : Trois mois avant de créer mon entreprise, je me dispute violemment avec mon père, au point qu'il me jette dehors. J'ai toujours eu un caractère très indépendant – une manière diplomate de dire que j'ai parfois un entêtement de mule autiste – et l'adolescence n'a évidemment pas arrangé cela.

Mon père s'attend à ce que je revienne dans les jours qui suivent, mais je suis trop fier pour cela et je vois là une opportunité de vivre une nouvelle aventure malgré un départ tonitruant et peu glorieux.

Je vis quelques semaines chez des amis et de la famille, puis je déniche un emploi à mi-temps dans une crêperie qui me permet de me payer mon premier chez-moi – un trou à rats de 13 m^2 entre les toilettes et la douche collective de l'immeuble – tout en continuant mon projet de création.

Après un an à travailler sur le dossier et à me faire aider dans le réseau d'accompagnement à la création d'entreprise à Lille, je réunis finalement les financements nécessaires et je démarre officiellement Hypro le 3 juillet 2000. J'ai un peu plus de 19 ans et je suis heureux comme un pape d'avoir réussi cette partie de l'aventure !

Six mois plus tard, je suis au bord de la faillite.

N'ayant pas élaboré de stratégie efficace pour acquérir des clients, j'erre comme un poulet sans tête. Et avec ma naïveté incroyable de geek qui découvre la vie, je me suis fait arnaquer par plusieurs officines pour acheter à prix d'or des espaces de publicité dans des « magazines » au tirage inexistant, et mon seul investissement réel – une publicité dans le journal local au prix « découverte » qui l'a fait paraître près de la rubrique nécrologie – n'a pas assez apporté de clients pour compenser la dépense.

DÉBUT 2001 : Autruches et taureaux.

Lentement, le nombre de clients augmente néanmoins car je fais du bon travail, et le bouche-à-oreille s'enclenche, mais pas assez vite pour régler mon problème urgent : sans un apport d'argent immédiat, je vais devoir mettre la clé sous la porte.

Je m'étais rêvé chef d'entreprise, je vois alors que la transition depuis le « métier » de lycéen n'est pas si facile. Mais je ne baisse pas les bras et je contacte toutes les personnes que j'ai rencontrées dans le milieu de la création d'entreprise pour leur faire part de mon problème.

Le directeur d'une structure qui avait financé la moitié de mes prêts entend mon appel, et après avoir discuté de ma situation, pense que le business model est viable et que mon problème est un simple problème de trésorerie. Il m'obtient un autre prêt qui s'avérera suffisant pour me faire sortir la tête de l'eau le temps nécessaire pour atteindre le seuil de rentabilité – la fameuse étape indispensable de toute entreprise qui réussit, lorsque les revenus équilibrent à peu près les dépenses. C'est à ce moment-là que je découvre l'importance de ce principe pour un entrepreneur : *mieux vaut prendre le taureau par les cornes plutôt que de faire l'autruche.*

AUTOMNE 2001 : Alors que j'ai vivoté tant bien que mal, un de mes clients me donne un conseil qui va changer ma vie à tout jamais et asseoir définitivement la rentabilité de mon entreprise : « Olivier, il y a des gens qui sont heureux quand ils font des "coups", mais un véritable chef d'entreprise sait que l'argent se trouve dans les ventes récurrentes. »

Mais oui ! Plutôt que de proposer uniquement des prestations de dépannage aux entreprises, je vais aussi leur proposer des contrats de maintenance régulière ! Et ça fonctionne : je peux enfin me payer le SMIC. Pas trop tôt.

2003 : Je gagne alors 2 000 euros par mois et j'embauche mon premier employé. Je parviens tellement à le motiver sur l'entrepreneuriat qu'il part au bout d'un mois et demi. J'en embauche un deuxième. Un désastre. En allant dépanner un client, il débranche un câble réseau qui s'avère être le seul câble de branchement des caisses enregistreuses de tout l'étage du magasin. Et oublie de le rebrancher. Le client, sympa, décide de ne pas me poursuivre : j'aurais été obligé de vendre ma vieille Peugeot et mon mobilier pour le rembourser. Plus de peur que de mal. L'employé n'en étant pas à sa première bêtise, nous arrêtons l'expérience alors que la période d'essai n'est pas terminée. Le troisième sera le bon. Je découvre que le recrutement et le management, ce n'est pas de la tarte.

2005 : Après m'être éclaté comme un fou à développer mon entreprise, je commence à me rendre compte que bosser 60 ou 70 heures par semaine n'est pas exactement génial pour mon épanouissement personnel.
C'est à peu près au même moment que quelqu'un me demande quel est mon salaire horaire. Je fais le calcul et… horreur ! Je gagne moins que le SMIC à l'heure ! Pas vraiment ce à quoi je rêvais étant donné les risques pris.

Je cherche un moyen de m'en sortir et constate que l'entreprise que j'ai créée *pour être libre* est en fait *une prison dorée*. C'est ma seule source de revenus, je ne peux pas la revendre et, comme tous les entrepreneurs en France, je n'ai pas droit aux indemnités chômage si l'entreprise se casse la gueule. Que faire ? Je cherche la solution pendant deux ans.

FIN 2007 : Un ami me parle d'un blog de développement personnel qui fait fureur aux États-Unis, et un nouveau monde s'ouvre à moi.

Un blog n'est pas seulement un journal intime : ça peut être une mine d'informations sur des sujets aussi variés que la gestion d'entreprise, le bonheur ou le développement personnel. Je découvre aussi que certains blogueurs anglo-saxons ont fait de leur blog une véritable entreprise, qui leur permet de vivre de leur écriture, parfois très bien, et surtout qui leur permet d'être complètement libres géographiquement parlant, puisque leur entreprise peut être gérée de n'importe où sur la planète du moment qu'ils ont une connexion Web (ce qui fait beaucoup, beaucoup d'endroits possibles).

Je démarre donc immédiatement mon premier blog, sur un sujet que je connais bien étant donné mon métier : les nouvelles technologies.

ÉTÉ 2008 : Malheureusement, le succès n'est pas au rendez-vous comme je l'avais espéré : après six mois de travail, j'ai gagné exactement 16,38 euros. Pas exactement un chiffre d'affaires d'entreprise.

Au même moment, je lis un livre pratique parlant d'entrepreneuriat, au titre frappant : *La semaine de 4 heures*. Je me prends une claque magistrale qui me fait complètement changer ma vision de l'entrepreneuriat, alors que cela faisait huit ans que je dirigeais mon entreprise.

Je tombe donc de mon piédestal du *self-made-man* qui n'a pas besoin d'apprendre parce qu'il est trop intelligent et fais ce que sans doute tout adulte normalement constitué ferait à ma place : me mettre en quête d'autres livres exceptionnels.

Je commence donc par *The E-Myth* de Michael Gerber[8], un des livres recommandés par Tim Ferriss, l'auteur de *La semaine de 4 heures*.

Ce livre décrit très précisément le problème dans lequel je me suis enfermé avec mon entreprise et qui fait que je travaille autant, avec des détails tellement précis que j'ai l'impression que l'auteur me connaît et parle de mon cas directement. Je me prends une nouvelle claque.

Deux claques en moins d'un mois, c'est sûr, je tiens quelque chose. Je me mets en quête d'une liste des meilleurs livres de business et, après quelques semaines de recherche, je tombe sur une liste de lectures admirablement sélectionnées dont une proportion stupéfiante des livres qu'elle contient allait changer ma vie : le « Personal MBA ».

Accessoirement, c'est cette liste qui me donne l'idée de lancer mon blog qui allait assurer mon succès en ligne : *Des Livres Pour Changer De Vie*.

FIN 2009 : Le revenu de mon blog passe soudainement de 300 à 3 000 euros par mois, car j'ai fini par demander à mon audience le produit qu'elle voulait. La réponse : une formation pour les aider à créer leur entreprise. Je m'exécute donc en créant ce produit, qui répond parfaitement aux attentes des futurs entrepreneurs, car je les connais bien. En plus d'être moi-même un entrepreneur, cela fait huit ans que je participe au jury d'une structure de financement de projets d'entreprise et j'ai vu défiler une centaine de dossiers. La formation que je mets sur pied répond donc totalement aux attentes de mes lecteurs, et elle se vend en très grand nombre.

MARS 2010 : Après avoir mis le paquet dans la promotion de cette formation et notamment mis en avant les premiers retours positifs des clients, je vois mon chiffre d'affaires passer à 14 000 euros par mois. Enfin un vrai CA d'entreprise ! Je commence mon plan pour revendre ma première boîte.

SEPTEMBRE 2010 : Après avoir viré les clients les plus casse-pieds et vendu un tiers du portefeuille client, je confie le reste à mes employés et sors pour la première fois d'Europe pour aller à l'autre bout du monde pendant un mois : Wallis-et-Futuna et Fidji, me voilà ! J'adore tellement que c'est décidé : je vais voyager. Beaucoup. À mon retour, je vends le reste de mon entreprise.

HUIT ANS PLUS TARD : J'ai fait un road trip d'un mois en Californie qui m'a mené de San Francisco à San Diego en passant par Las Vegas et la Death Valley, ai contemplé les bûchers funéraires des hindous à Varanasi et les sikhs se baignant dans le lac sacré du Temple d'or à Amritsar, ai conduit la Ford Mustang d'un ami millionnaire de Montréal à Québec, ai visité les chutes du Niagara avec la championne du monde de dressage de chiens, ai fait mon baptême de parapente dans le paradis du genre, l'île de la Réunion, ai été initié au yoga à Rishikesh, la « capitale mondiale du yoga » en Inde, ai rencontré plus d'auteurs de best-sellers américains que les doigts de mes deux mains (et bien plus encore d'entrepreneurs géniaux), ai découvert tout aussi bouche bée les merveilles volcaniques de Santorin et les bières tièdes londoniennes, ai passé mon brevet de plongée au Maroc, assisté à un combat de boxe thaï à Bangkok et quelques semaines plus tard au défilé du carnaval de Rio dans le sambodrome, ai goûté les différences

entre les sangrias du sud de l'Espagne et celles des Canaries, ai découvert le paradis sur terre en vivant deux mois sur des îles aux plages de sable blanc des Philippines, ai participé au festival complètement déjanté Burning Man dans le désert du Nevada, suis parti à la recherche des francophones natifs de Louisiane tout en goûtant au jazz de La Nouvelle-Orléans, ai appris le portugais en donnant des conférences au Brésil et au Portugal, me suis initié à la méditation et à l'art du sabre japonais auprès d'un maître samouraï de Kyoto, ai découvert les joies des croisières dans les Caraïbes avec des amis entrepreneurs incroyables, me suis initié au kitesurf dans l'un des meilleurs spots du monde, Jericoacoara au Brésil, et me suis constitué un réseau d'amis dans le monde entier à force de faire tous ces voyages, entre autres aventures drôles ou magnifiques.

J'adore ma nouvelle vie.

DÉBUT 2019 : Mes quatre principaux blogs[9] et ma chaîne YouTube[10] aident plus de 500 000 personnes chaque mois à trouver des livres pour changer leur vie, à être plus heureuses et plus zen dans leur existence, à gagner plus d'argent, à être plus productives et avoir plus de temps pour elles, leur famille et leurs amis, et j'ai aidé plusieurs milliers de clients à aller encore plus loin dans certains de ces domaines, un impact que je n'aurais jamais pu avoir avec ma première entreprise.

Pourtant, je ne suis pas milliardaire et le devenir m'importe peu.

Je suis un entrepreneur dont l'entreprise est au service de ma vie alors que la vie de beaucoup d'entrepreneurs est au service de leur entreprise. Je profite pleinement des quatre éléments indispensables de la liberté dont rêvent beaucoup de ceux qui créent leur entreprise : la liberté de faire ce que je veux, où je veux, avec qui je veux, quand je le veux.

Michael Masterson, dans son superbe livre *Ready, Fire, Aim*, explique à quel point cette liberté est préférable au fait d'être riche et d'avoir un emploi du temps infernal. Tim Ferriss renchérit dans *La semaine de 4 heures* en bâtissant tout son livre – et sa vie – autour de ce principe.

Je ne peux que leur donner raison. Depuis que j'ai adopté ce modèle en combinaison avec une autoéducation continue et l'apprentissage de nombreuses stratégies de business efficaces, ma vie a changé du tout au tout.

Au fond de moi, je suis toujours ce jeune rebelle qui veut goûter pleinement à la flamme de la liberté, tout embrasé qu'il est de vouloir vivre sa propre vie plutôt que celle d'un autre. J'ai juste appris à canaliser cette énergie et mon temps de manière beaucoup plus productive, entièrement dirigés vers le but que je me suis fixé.

Ce livre s'adresse aux iconoclastes, aux rebelles qui, comme moi, rêvent d'autre chose que de la routine ennuyeuse d'un salarié et d'une retraite mortelle qui n'aura lieu que lorsque la plus belle part de notre vie sera passée, à ceux qui doutent de la capacité du système à nous offrir autre chose qu'un petit quotidien confortable en cas de réussite, à ceux qui ne se retrouvent pas dans ce système et qui n'y brillent pas, à ceux qui veulent vraiment vivre leur vie à fond, sans attendre un hypothétique lendemain qui chante.

L'entrepreneuriat et l'autoéducation sont deux moyens géniaux pour sortir du études-diplômes-métro-boulot-dodo, et je vous montrerai comment les utiliser au mieux.

Je vais vous apprendre à sortir du système en minimisant les risques, à tirer votre épingle du jeu tout en vous amusant, à vivre votre vie à fond et peut-être à pouvoir dire à la fin « j'ai vraiment vécu ».

Suivez le guide.

Chapitre 1

POURQUOI L'ENSEIGNEMENT CLASSIQUE N'EST PAS IDÉAL POUR LE REBELLE INTELLIGENT

« 33 % DE NOS REGRETS PROVIENNENT DE DÉCISIONS QUE NOUS AVONS PRISES À PROPOS DE NOTRE ÉDUCATION. »

– Kathryn Schulz

PROGRAMME SCOLAIRE

L'HISTOIRE DE CAROLINE ET DE MILLIONS D'AUTRES : DU CARROSSE À LA CITROUILLE

Après 5 ans d'études – qui lui ont coûté 15 000 euros – Caroline décroche un job de vendeuse, payé au SMIC. Les années passent et les évolutions promises n'arrivent jamais.

Je ne pouvais que compatir. C'était une des énièmes histoires que j'ai entendues d'études géniales suivies avec sérieux qui s'avéraient davantage être des citrouilles que des carrosses. Peut-être que Caroline aurait pu faire preuve de davantage d'initiative, ou de débrouillardise, peut-être aurait-elle pu envoyer plus de candidatures ou faire davantage jouer ses relations, ou créer un buzz sur Internet avec une photo d'elle et d'un phoque en bikini sur la banquise… mais son cas est loin d'être isolé.

Caroline n'est qu'un exemple parmi des millions d'autres d'une génération à qui on a promis la lune, à condition de ne pas déroger à la sacro-sainte règle « Passe ton bac et va aussi loin que tu peux dans les études ».

Cela ne veut pas dire que faire des études ne sert forcément à rien. Mais :

- ✓ Faire de longues études n'apporte aucune garantie, encore moins une garantie de bonheur – juste une amélioration de vos chances de trouver un emploi.
- ✓ Cet emploi ne sera pas forcément conforme à ce que vous attendez.
- ✓ Dans le calcul pour déterminer le bénéfice réel d'un bac + 5 par rapport à un bac, on oublie de prendre en compte le coût des études, ou les dettes contractées pour le régler.
- ✓ Comment savoir si la majorité des personnes qui entreprennent des études longues ne sont pas tout simplement plus intelligentes ou plus travailleuses que la moyenne, et auraient donc mieux réussi de toute façon ?
- ✓ Cette voie « classique » pour « réussir » dans la vie est-elle vraiment celle qui vous correspond le mieux ? Diplôme puis métro-boulot-dodo pendant 40 ans, jusqu'à la retraite ? Est-ce vraiment ce qu'un rebelle intelligent comme vous souhaite ?

CAROLINE N'EST PAS UN CAS ISOLÉ

Jugez plutôt : d'après une étude de l'APEC[11] parue en 2014 sur la promotion sortante de 2012, un peu moins de la moitié des jeunes diplômés bac + 4 ont trouvé un emploi qu'ils estiment correspondre à leur qualification un an après l'obtention de leur diplôme et près d'un tiers d'entre eux sont toujours en recherche.

LE PIÈGE DES PANTOUFLES EN CIMENT

Après de longues études, vous décrochez un bon poste de cadre dans une multinationale dynamique où vous découvrez les joies du travail dans un grand groupe : les rivalités internes, les tensions politiques, les effets de mode, un nouveau chef...

Les années passent, vous arrachez de haute lutte des postes importants au prix de gros sacrifices. Vous rêvez d'être moins stressé, plus libre et sans patron, mais votre job est bien payé, et vous avez un train de vie qui rend difficile toute baisse de revenus.

Vous finissez par demander à votre supérieur un poste « placard » dans une région qui vous convient et sans baisse de salaire.

Le poste n'est pas très intéressant, mais il vous permettra de vous poser avant la retraite que vous attendez impatiemment.

Peut-être qu'enfin, après des décennies passées à travailler pour quelqu'un d'autre, vous pourrez commencer à réaliser vos rêves et profiter vraiment de la vie.

Voilà un beau scénario n'est-ce pas ?
Ce n'est pas exactement ce à quoi vous vous attendiez avant votre diplôme, mais cela ressemble sans doute à la vie de quelqu'un que vous connaissez, non ?
Une situation confortable mais pesante, c'est ce que j'appelle chausser des pantoufles en ciment.

LA COURSE DES RATS

15 % des employés dans le monde sont émotionnellement investis et heureux dans leur entreprise et 18 % des employés sont activement désengagés[12]. En France, seuls 6 % des employés se déclarent investis et heureux et 25 % activement désengagés[13], un des plus mauvais scores du monde. C'est le plus grand échec de la société moderne.

Les rebelles intelligents comme vous se rendent compte que la vie a mieux à offrir que la course des rats.

Comment Thomas quitte la course des rats pour vivre sa passion dans un paradis

Thomas et Céline décident de partir en Chine après leur licenciement. Thomas parle le mandarin. Ils font des petits boulots puis, un jour, Thomas a une démarche de rebelle intelligent et frappe à la porte de l'ambassade française à Pékin. Il est embauché. Thomas a le temps de pratiquer ses passions, et surtout, lui et Céline vivent une aventure perpétuelle. Et ce qu'ils redoutent le plus, c'est de la troquer contre la routine du métro-boulot-dodo. Après six ans passés en Chine, l'envie d'explorer de nouvelles choses les prend à nouveau. Ils s'installent à El Nido, une ville dans le magnifique archipel de Bacuit, aux Philippines. Ils y ouvrent un restaurant, La Salangane, avec un partenaire qui a l'expérience de la restauration. Rapidement, ils l'automatisent et n'ont plus besoin d'y travailler. Ils ont un enfant qui, à l'âge de 3 ans, est déjà trilingue français, anglais et tagalog. Thomas franchit une nouvelle étape dans sa passion en ouvrant un centre de plongée. Ses clients le paient pour qu'il plonge tous les jours, le rêve. Il crée avec ses partenaires un autre restaurant à Manille, qui tourne aussi sans qu'ils aient besoin d'y mettre les pieds. Il n'a plus besoin de travailler et sa femme non plus. Le plus fou dans l'histoire ? Ils gagnent chacun environ 600 euros par mois.

LES ÉTUDES CLASSIQUES OU POURQUOI VOUS OUBLIEZ L'ESSENTIEL DE CE QUE VOUS AVEZ APPRIS

L'éducation est une lumière qui nous guide dans l'obscurité. Cependant, il y a éducation et éducation.

Qu'avez-vous retenu de vos cours sur l'histoire de l'Égypte ancienne ? De vos cours de géographie sur l'économie du Burkina Faso ? Le constat est encore plus déprimant quand vous vous posez la question suivante : quel est le pourcentage de tout ce que j'ai appris à l'école que j'ai retenu ? Quel est le pourcentage de ce que j'ai appris dont je me sers dans la vie de tous les jours et dans mon métier ? Aucune étude sérieuse n'a été menée sur la question[14].

En revanche, il y a eu de nombreuses études sur la mémorisation et l'oubli. En 1885, un psychologue allemand, Hermann Ebbinghaus, a mis au point sa fameuse « **courbe de l'oubli**[15] » en testant sur lui-même la mémorisation de mots dépourvus de sens[16]. Sa découverte est simple : nous oublions très rapidement l'essentiel de ce que nous n'utilisons pas.

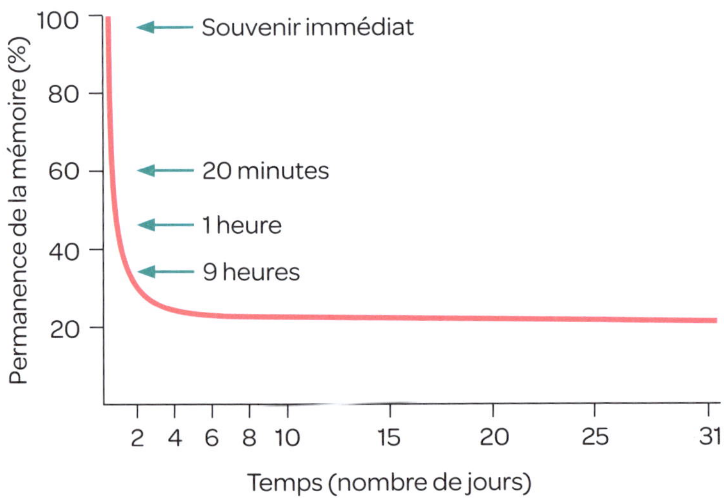

De même, le Polonais Piotr Wozniak, inventeur du premier logiciel d'aide à l'apprentissage, a mené nombre d'études pour montrer que le problème n'est pas d'apprendre mais de ne pas oublier ensuite. Sans pratique et sans révisions toute connaissance finit par être oubliée[17].

À l'école, il y a des choses que nous apprenons et qui sont indispensables comme lire, écrire, le calcul, etc., mais dans l'ensemble, elle manque vraiment de praticité.

LE PROBLÈME DU PRATICO-PRATIQUE DANS L'ÉDUCATION CLASSIQUE

Qu'est-ce que la praticité dans l'éducation ?

Tout simplement la capacité du système éducatif à nous enseigner des choses qui nous seraient vraiment utiles.

Pour cela, il faut que les choses que nous apprenons soient en adéquation avec les compétences dont nous aurons besoin sur le terrain, et en adéquation avec la société dans laquelle nous vivons.

Comment expliquer que le système éducatif français soit si peu performant dans l'apprentissage des langues alors que c'est une compétence indispensable à tous ?

CITATION À MÉDITER

« Quelques personnes obtiennent une éducation sans aller à l'université. Les autres l'obtiennent une fois qu'ils en sont sortis. »
Mark Twain

Le problème, c'est que l'école n'évolue pas aussi vite que la société. C'est comme les taxis parisiens, à qui l'on demande encore aujourd'hui de connaître par cœur les rues de Paris, alors que n'importe qui avec un smartphone fait mieux sans aucune formation.

Du coup, des compétences indispensables, qui nous permettraient d'avoir un impact sur le monde actuel, ne nous sont pas suffisamment enseignées. Il existe d'après moi trois compétences particulières qui sont concernées, et du fait de l'absence ou de l'insuffisance de leur enseignement, l'école fabrique de « nouveaux analphabètes » à la pelle.

1. LES « NOUVEAUX ANALPHABÈTES » OU L'IMPORTANCE DE L'INFORMATIQUE

Faire partie des analphabètes vous rend dépendant de « ceux qui savent ». Aujourd'hui, si le problème de la lecture et de l'écriture est plus ou moins réglé, une nouvelle génération d'analphabètes est en train d'émerger. Elle sait lire, écrire, compter, mais est illettrée dans certains domaines : **avoir un minimum de connaissances en informatique est aussi nécessaire dans la vie que savoir lire et écrire.**

Ce n'est pas pour rien que la notion de « fracture numérique » a été inventée. Il existe une vraie différence en termes de chance de réussite dans la vie professionnelle et personnelle entre ceux qui savent utiliser un ordinateur et les autres. Un terme a même été inventé : **l'illectronisme**.

COMMENT L'ÉCOLE NOUS FORME-T-ELLE À L'INFORMATIQUE ?

Le système éducatif aura toujours un train de retard sur la réalité du terrain : politiques longues à mettre en place, problèmes de budgets, manque de personnel, etc. L'auto-apprentissage reste majoritaire alors même que l'informatique est indispensable pour réussir dans la vie.

CE N'EST PAS À L'ÉCOLE QUE L'ON APPREND À SE SERVIR D'UN ORDINATEUR MAIS CHEZ SOI

L'étude réalisée par le European Schoolnet Observatory[18] et publiée en 2013 montre qu'entre 80 et 90 % des étudiants possèdent plus de quatre ans d'expérience à la maison et ils ne sont que 40 à 60 % à posséder autant d'expérience par l'utilisation à l'école.

2. LES « NOUVEAUX ANALPHABÈTES » OU L'IMPORTANCE D'APPRENDRE TOUTE SA VIE

Voici un problème encore plus répandu que l'informatique : **beaucoup trop de personnes pensent qu'une fois leur diplôme en poche, elles n'ont plus besoin d'apprendre quoi que ce soit. C'est une erreur monumentale !**

Entre une personne qui lit ne serait-ce qu'un livre pratique par mois et une autre qui regarde la télévision, la différence est énorme.

Celle ou celui qui lit :

- ✓ aura un horizon intellectuel plus étendu que l'autre.
- ✓ aura plus de chances de progresser dans sa vie personnelle et professionnelle.
- ✓ sera mieux immunisé contre les manipulations politiques ou autres.
- ✓ vivra une vie meilleure, plus épanouissante.
- ✓ aidera davantage les autres et sera un meilleur exemple.

Au bout de 10 ans, lire 1 livre par mois fait 120 livres de qualité lus. 2 livres par mois, 240, contre zéro si vous regardez la télé ou YouTube à la place. Pensez-vous que cela peut faire une différence dans votre vie ?

Et lire n'est pas le seul moyen de continuer à apprendre, des milliers de voies sont possibles. Mais combien les emprunte ?

C'est pourtant d'autant plus important que les mutations et les changements sont de plus en plus rapides. Si vous ne continuez pas à apprendre toute votre vie, à la longue, vous serez, par rapport à ceux qui continuent à apprendre, comme un illettré face à un scribe.

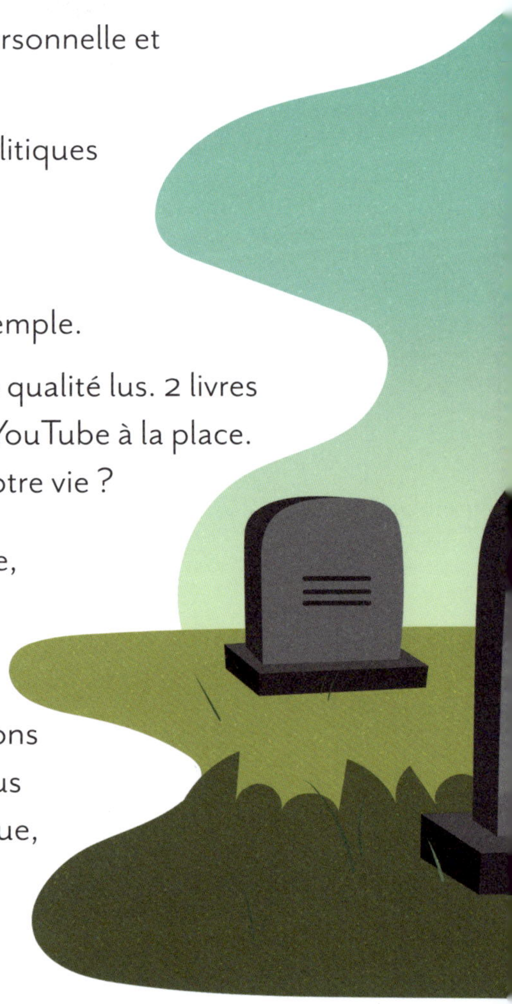

COMMENT L'ÉCOLE NOUS FORME À L'APPRENTISSAGE TOUT AU LONG DE LA VIE ?

Le constat est éloquent : la plupart des gens pensent qu'ils ont fini d'apprendre dès l'obtention de leur diplôme.

L'idée de lire des livres pratiques est rarement acquise, de même que le réflexe d'entamer des formations.

COMMENCEZ PETIT

Lisez un livre par mois, en format audio si vous n'avez vraiment pas le temps. Décidez de réduire la télévision d'une demi-heure par jour et d'apprendre quelque chose d'intéressant à la place.

3. LES NOUVEAUX ANALPHABÈTES OU L'IMPORTANCE D'APPRENDRE L'ANGLAIS (OU AU MOINS UNE LANGUE ÉTRANGÈRE)

Se contenter d'un seul langage, c'est restreindre sa vision du monde, limiter ses connaissances et son ouverture d'esprit. Apprendre une nouvelle langue, c'est comme d'avoir un troisième œil qui pousse sur notre front et nous ferait voir le monde différemment.

Et évidemment, l'anglais est la première langue étrangère que nous devons apprendre :

- Parce que c'est la langue internationale par excellence, parlée par 20 % de la population mondiale[19].
- Parce que c'est la langue des États-Unis, pays de nombreuses innovations techniques et entrepreneuriales.
- Parce que c'est la langue d'Internet. Elle domine largement devant l'espagnol et le mandarin avec un peu plus d'un milliard d'utilisateurs.

- Parce que c'est une langue suffisamment proche du français pour être apprise en un temps raisonnable (plus de 3 fois plus rapidement que pour le chinois ou l'arabe par exemple !)

Les problèmes du système éducatif avec l'apprentissage des langues

Seulement **19 %** des Français déclarent être capables de tenir une conversation dans une langue étrangère, contre **77 %** des Hollandais[20].

Le nombre d'heures d'apprentissage par an (108 heures environ), de la 5e à la 3e, reste à peu près le même au lycée[21]. Si bien que lorsqu'il obtient son bac, l'élève français aura passé en moyenne 792 heures à apprendre sa première langue étrangère.
Est-ce suffisant pour apprendre une langue ? Apparemment non, puisque seulement 1 élève sur 5 déclare être capable de tenir une conversation[22] !
Vaut-il mieux, pour apprendre à maîtriser une langue, continuer à suivre une centaine d'heures de cours en classe tous les ans pendant 10 ans en continuant de parler sa langue natale, ou bien vivre pendant 6 mois dans le pays où l'on pratique cette langue ?

6 mois dans un pays étranger équivaut à 1 460 heures d'apprentissage, soit bien plus que 10 ans de cours dans le système scolaire, et dans une variété de situations sans commune mesure, en apprenant la langue « pratique », utilisée dans la vie de tous les jours, pas la langue enseignée dans les livres.

LES FINANCES PERSONNELLES, UN AUTRE EXEMPLE DES LIMITES DU SYSTÈME ÉDUCATIF OCCIDENTAL

Il existe une autre matière totalement occultée par l'école : **les finances personnelles**. Nous vivons dans une société où l'argent est omniprésent et, durant notre scolarité, nous n'avons aucun cours pratique pour nous apprendre à le gérer.

Les compétences qui devraient être acquises selon moi à l'école dans ce domaine sont :

- ✓ Faire la différence entre un actif et un passif, un revenu et un actif, une dette et un passif.
- ✓ Apprendre à mettre systématiquement de côté 10 % de son salaire et à considérer que seul le reste peut être dépensé.
- ✓ Apprendre à se constituer un fonds d'urgence représentant 3 à 6 mois de salaires.
- ✓ Apprendre les bases de l'investissement (investissement immobilier, investissement en Bourse).
- ✓ Apprendre les dangers des endettements et surendettements.

CITATION À MÉDITER

« Les étudiants peuvent sortir des universités prestigieuses avec des titres académiques incroyables, mais avoir à peine plus de connaissances financières qu'un élève de CP. Une fois qu'ils entrent dans le marché du travail, ils pourraient aussi bien errer nus dehors pendant un blizzard en hiver. »

Andrew Hallam

En 2017, plus de 1,5 million de personnes étaient en situation de surendettement[23]. Avec un système éducatif plus pragmatique, une grande partie de ces personnes aurait évité de tomber ainsi dans une spirale infernale.

LA GRANDE ARNAQUE OU COMMENT LES CONSEILLERS FINANCIERS PROFITENT DE NOTRE MANQUE D'ÉDUCATION FINANCIÈRE

Il est une triste vérité que les conseillers financiers ne veulent pas que vous sachiez : 96 % des fonds gérés dans le seul but de battre le marché… échouent à battre le marché[24].

Le marché, qui, pris dans son ensemble, représente la totalité des transactions réalisées, a une performance annuelle. Si votre fonds fait une performance moins bonne, vous perdez de l'argent. Par exemple, si le marché a fait + 10 % et que votre fonds a fait + 6 %, c'est certes un peu mieux que votre livret A mais il n'empêche que vous perdez 4 % par rapport à ce que vous auriez gagné si vous vous étiez contenté d'investir vous-même dans ce marché.

Sans compter que votre conseiller va facturer une commission importante. Pour vous avoir fait perdre de l'argent !

Fonds indiciels : attention au long terme !

Sur le site web « La Bourse pour les nains », un exemple éloquent montre la fourchette des rendements possibles selon différents intervalles de temps, si vous aviez investi dans un fonds indiciel reprenant le CAC 40 entre 1988 et 2002 en investissant toute votre somme le 1er du mois sans dividendes réinvestis. On constate rapidement à quel point **il vaut mieux investir sur une longue durée**. En effet, dans cet exemple, un investissement sur 5 ans pouvait vous faire gagner entre + 270,48 % et – 32,53 %. Autrement dit, vous pouviez perdre de l'argent ! Cet exemple, que je vous invite à aller voir, montre également que sur 10 ans en revanche, vous étiez sûr de faire une plus-value, mais avec un rendement assez moyen. Et la même analyse sur le Dow Jones de 1929 à 2002 montre une situation encore plus disparate avec des fourchettes bien plus larges. Bref, seul un investissement sur 30 ans permet d'être sûr et certain d'avoir une rentabilité.

COMMENT INVESTIR SEUL ?
COMMENT S'Y RETROUVER ?

D'abord, il faut coller « au plus près » du marché et pour cela le plus simple est d'investir dans des fonds indiciels aussi appelés « trackers » ou « ETF[25] ». Ce sont des fonds gérés par ordinateur, ce qui leur permet d'avoir des coûts de gestion très bas. Ils essaient de répliquer au plus près de la réalité des grands indices comme le CAC 40.

Chapitre 2

LE SYSTÈME ÉDUCATIF « MODERNE », CONÇU POUR LE XIXe SIÈCLE

« TOUS LES ENFANTS NAISSENT ARTISTES. LE PROBLÈME EST DE RESTER ARTISTE EN GRANDISSANT. »

– **Picasso**

CRÉATIVITÉ

LES COMPÉTENCES DU XXIE SIÈCLE

En 1882, Jules Ferry rend l'instruction obligatoire et gratuite pour tous de 6 à 13 ans. À l'époque l'accès aux connaissances était difficile, les supports (les livres et les professeurs) étaient rares.

Le fait de rendre l'instruction obligatoire jusqu'à 13 ans s'opposait aux intérêts économiques des industriels. Pour calmer leurs inquiétudes, l'éducation obligatoire leur a été vendue comme la possibilité d'avoir ensuite des employés dociles et productifs. Dès le début, le système a impliqué une éducation faite à la chaîne, avec des enfants assis en rang, soumis à une autorité suprême, avec pour but d'avoir de bon employés, de bons ouvriers, de bons soldats. Les aventuriers, les rebelles, les iconoclastes, ceux qui ne respectaient pas l'autorité n'intéressaient pas ce système, ou même lui faisaient peur : il fallait les faire rentrer dans le moule.

Si le programme éducatif a évolué, les principes de base sont restés les mêmes. L'école, censée former les jeunes à bien aborder la société du XXIe siècle, fabrique à la chaîne des employés avec des méthodes et une vision datant du XIXe siècle.

Des entretiens d'embauche calibrés pour détecter les perles rares

Les grandes entreprises d'Internet et de l'informatique posent des questions qui peuvent sembler farfelues lors des entretiens d'embauche mais qui sont en réalité conçues pour recruter les employés les plus créatifs.
En voici quelques exemples[26] :

- Vous rapetissez jusqu'à la taille d'une pièce de 5 cents et êtes projeté dans un mixeur. Votre masse est réduite, si bien que votre densité n'est pas modifiée. Les lames entrent en action dans 60 secondes. Que faites-vous ?
- Quand le vent souffle, est-ce qu'un vol aller-retour prend plus de temps, moins de temps ou le même temps ?
- Concevez un plan d'évacuation pour San Francisco.
- Vous voulez vérifier que Bob a bien votre numéro de téléphone. Vous ne pouvez pas lui poser la question directement. Au lieu de quoi, il faut que vous écriviez un message à son attention sur une carte que vous remettrez à Eve, votre intermédiaire. Eve donnera la carte à Bob, qui transmettra son message à Eve, qui vous le remettra à son tour. Que demandez-vous à Bob ?

Ce qui compte en ce XXIe siècle, ce n'est pas d'accumuler des connaissances que nous ne retiendrons pas, mais **d'apprendre par soi-même pour suivre l'évolution technologique** qui s'accélère de plus en plus, et être ainsi capable de créer, d'innover et de tester la validité de ses créations rapidement et avec peu d'investissements.

LES LIMITES DE LA CULTURE GÉNÉRALE ET DE L'APPRENTISSAGE PAR COEUR

Nous avons vu à quel point le système éducatif manque de praticité. Est-ce que cela veut dire que nous devrions uniquement apprendre des choses utiles et nous passer de culture générale ?

Pas vraiment. Mon propos n'est pas de nous transformer en robots ultra-spécialisés ! Et apprendre pour le plaisir peut être exaltant.

Qu'est-ce que la culture générale ? Le fait d'avoir des connaissances dans des domaines très variés, d'être capable de les relier entre elles.

Il y a culture générale et culture générale, tout n'est pas intéressant à apprendre. Développer ses connaissances sur des sujets véritablement importants est une utilisation intelligente de son temps. Le faire sur des détails sans importance revient à se creuser pour la tête pour tenter de découvrir combien d'anges peuvent tenir sur une tête d'épingle, comme cela a pu se faire à une époque préscientifique.

À quoi cela sert de savoir ce que désigne le sigle OAS dans les années soixante (question posée par une école prépa prestigieuse sur son site Internet !) alors qu'une simple recherche sur notre téléphone nous renseignerait ?

L'école devrait nous former à être plus créatifs, à exercer notre esprit critique, à résoudre efficacement des problèmes, à mieux prendre des décisions[27]. Mais aussi à nous concentrer pleinement sur une tâche, à nous investir dans un projet ambitieux à moyen et long terme.

CITATIONS À MÉDITER

« Est-ce que savoir est devenu obsolète ? »

Sugata Mitra, initiateur du projet « Trou dans le mur » en Inde

« Le puits de science, ce n'est plus l'enseignant, c'est Internet. »

Don Tapscott, auteur et homme d'affaires canadien

LES PASSIONS QUE JE VOUS RECOMMANDE D'APPRENDRE

- Apprendre un instrument de musique (excellent pour développer la coordination, l'intelligence et la mémorisation[28])
- Pratiquer un sport (excellent pour l'humeur, la concentration et la productivité)[29]
- Pratiquer un art (excellent pour la créativité, la spontanéité et la confiance en soi)
- Voyager
- Lancer un projet qui vous tient à cœur (créer une entreprise, écrire un livre, développer un site ou un blog)

L'ÉCOLE TUE LA CRÉATIVITÉ

La créativité est une qualité fondamentale pour tirer son épingle du jeu aujourd'hui.

Les études sont de plus en plus longues et de plus en plus compétitives, rien n'indique que vous vous en sortirez mieux que votre collègue, surtout s'il est plus créatif que vous.

D'après l'auteur britannique sir Ken Robinson, voici les principales raisons pour lesquelles l'école tue la créativité :

- ✓ L'école s'imagine nous préparer à un monde immuable alors qu'il est toujours en pleine mutation.

- L'école forme des élèves obéissants et qui ne font pas d'erreur, or pour être créatif, il faut se préparer à avoir tort.
- L'école a été conçue pour des objectifs qui n'ont plus cours : la musique, la danse et l'esprit d'innovation n'étaient pas nécessaires à la formation d'ouvriers dociles et performants.

Autrefois un diplôme offrait la certitude d'être embauché. Ce n'est plus le cas aujourd'hui, l'école doit donc souffler sur l'étincelle de créativité des élèves afin de faire la différence.

L'exemple de Gillian Lynne

Lorsqu'elle avait huit ans, dans les années 30, la situation scolaire de Gillian Lynne paraissait désespérée : problème de concentration, d'assiduité et de comportement. Ses parents firent appel à un spécialiste qui par chance s'avéra compétent et ouvert d'esprit. Il lui apparut très vite que Gillian aimait la danse par-dessus tout et qu'elle montrait de remarquables dispositions. Ses parents l'inscrivirent à un cours de danse et elle devint directrice d'un théâtre et une chorégraphe reconnue. S'il ne s'était agi que de l'école, rien n'aurait été entrepris et Gillian serait restée ce qu'on appelle un cancre.

S'ENDETTER POUR ÉTUDIER OU POURQUOI ON NE VOUS DIT PAS TOUT

Aux États-Unis, les coûts de l'éducation explosent depuis des années au point que certains parlent même de « bulle éducative ». En France la situation n'est pas aussi dramatique mais reste préoccupante. D'après le syndicat étudiant UNEF, le coût global d'une seule année d'études après le bac est entre 10 500 et 15 500 euros par étudiant[30]. 75 % des étudiants n'étant pas boursiers, ils doivent trouver un autre moyen de financer leurs études et notamment grâce à des petits boulots.

Pour les études, le **coût d'opportunité** (coût d'une tâche que vous faites et qui vous empêche d'obtenir les bénéfices d'une autre tâche plus intéressante que vous auriez pu faire à la place) est le suivant :

- Le salaire que vous auriez touché si vous aviez arrêté vos études plus tôt.
- Le rendement des investissements que vous auriez pu faire en plaçant une partie de ce salaire.
- Le rendement des investissements que vous auriez pu faire en contractant un prêt pour ces investissements plutôt que pour payer vos études.
- Le rendement des investissements que vous auriez pu faire en plaçant l'argent que vous avez dépensé pour vos années d'études.

Le retour sur investissement des études est beaucoup moins élevé que ce que l'on veut bien vous faire croire. Et même s'il peut varier selon les études et les années entre 40 000 et 300 000 euros de plus sur toute une vie, est-ce vraiment intéressant[31] ?

Les diplômes qui débouchent sur les meilleurs rendements sont obtenus par les étudiants les plus intelligents et les plus débrouillards. Ces brillantes carrières ne dépendent-elles pas des qualités intrinsèques des étudiants plutôt que de leur diplôme ?

N'est-il pas possible, pour un rebelle intelligent, d'obtenir l'essentiel de ce que permet un diplôme pour une fraction de l'argent, de l'effort et du temps demandés, tout en étant plus libre ?

LE RENDEMENT DÉCROISSANT DES DIPLÔMES

La compétition féroce qui se joue dans notre société à celui qui aura le meilleur diplôme occulte totalement la question de l'utilité de ce diplôme par rapport à nos objectifs de vie.

Cela crée une surqualification chronique qui elle-même engendre un rendement décroissant des diplômes[32]. C'est-à-dire qu'avoir un diplôme rapporte de moins en moins et se traduit par de moins en moins de probabilités d'accéder au poste convoité et d'y rester, ce qui entraîne une course au meilleur diplôme dans un cercle vicieux.

En 1969, les titulaires d'une licence étaient 81 % à être cadres supérieurs.
En 1998, ils n'étaient plus que 67 %[33].

Quels sont les résultats, concrètement ? Si la plupart des jeunes continuent de penser qu'un diplôme est une porte d'entrée nécessaire pour certains métiers, ils savent aussi que leur réussite dans l'obtention d'un poste est liée davantage à leur personnalité qu'à leurs études.

Nombre d'entre eux occupent des postes pour lesquels ils sont surqualifiés, accentuant d'autant plus l'inutilité potentielle de ce qu'ils ont appris. En France plus d'un jeune diplômé sur cinq occupe un emploi précaire.

Pour les rebelles intelligents, il y a mieux que cette course des rats effrénée.

Faire ses études, c'est bien, mais cela ne doit pas vous empêcher de réaliser vos rêves.

ET LES DIPLÔMES PRESTIGIEUX ?

Les diplômes prestigieux sont nécessaires car ils permettent de trouver facilement un emploi et d'être payé un salaire mirobolant. Peut-être. Mais pas toujours.

Pour en avoir le cœur net, j'ai demandé à Mariana Zanetti, titulaire d'un MBA et qui a eu une « excellente » carrière grâce à lui, de me donner son avis.

Mariana est espagnole et a passé son MBA dans une des écoles les plus prestigieuses d'Espagne et il lui a coûté 43 200 euros. Pour elle comme pour des milliers d'autres, son MBA lui a fait perdre de l'argent.

Vous n'entendrez jamais un titulaire de MBA vous dire que son diplôme ne sert à rien. Sauf les rebelles intelligents comme Mariana.

Voici, selon Mariana[34], ce qui pousse les gens à faire un MBA :

- ✓ Le rêve d'un salaire meilleur.
- ✓ Une meilleure employabilité, sécurité de travail et une prospérité à long terme.
- ✓ Les raisons émotionnelles (fierté, reconnaissance, etc.)
- ✓ Des connaissances uniques.
- ✓ Le réseau.

Tout d'abord qu'est-ce qu'un MBA ?

Un Master of Business Administration vise à donner le meilleur des connaissances du monde du business. Il peut prendre de nombreuses formes, mais il s'agit généralement d'un cursus de deux ans qui cible des gens ayant déjà une expérience professionnelle et qui souhaitent propulser leur carrière vers de nouveaux sommets. Cette formation est chère et dispensée par des écoles prestigieuses.

Ces raisons sont belles et bonnes mais la réalité est que vous pouvez obtenir tous ces bienfaits sans MBA (si vous avez la capacité d'obtenir un MBA, vous avez la capacité de réussir sans), et que la vie de ceux qui font des MBA ne leur appartient plus. Il ne s'agit plus que de travailler et de voir la vie à travers le hublot d'un avion ou la fenêtre d'une chambre d'hôtel.

Cette vie-là Mariana n'en veut pas et elle a décidé de tout mettre en œuvre pour en changer et pour donner à ses enfants une autre éducation.

POUR LE REBELLE INTELLIGENT QUI VEUT PASSER À L'ACTION

Les rebelles intelligents ont à cœur de ne pas participer à la course des rats, mais plutôt de trouver un chemin différent pour être libres et heureux. Cela ne veut pas dire qu'ils délaissent complètement l'école et ses bienfaits, simplement qu'ils ont conscience de ses limites et qu'ils savent les contourner pour hacker leur éducation et leur vie.

Chapitre 3

HACKEZ VOTRE ÉDUCATION

« SI VOUS NE BÂTISSEZ PAS VOTRE RÊVE, QUELQU'UN VA VOUS EMBAUCHER POUR L'AIDER À BÂTIR LES SIENS. »

– Tony A. Gaskins Jr.

COMMENT AUGMENTER VOTRE QI DE 6 POINTS EN 30 JOURS

Depuis les années 70 et les recherches des psychologues Raymond Cattell et John L. Horn, la majorité des psychologues reconnaissent le fait que notre intelligence se divise en deux grandes catégories principales :

1. l'intelligence fluide
2. l'intelligence cristallisée

L'intelligence fluide est notre intelligence brute, c'est-à-dire notre capacité à penser logiquement et à réagir à certaines situations, tandis que notre **intelligence cristallisée reflète nos compétences et nos connaissances**. Jusqu'à récemment, les chercheurs étaient unanimes : il était impossible d'améliorer notre intelligence fluide.

C'était sans compter sur les études du professeur Jaeggi[35] et son logiciel conçu pour améliorer la « mémoire de travail ». Il ne s'agit pas seulement de s'entraîner aux tests de QI pour devenir meilleur aux tests de QI (les seuls résultats tangibles des logiciels de ce type auparavant), mais d'améliorer votre intelligence fluide de manière nette et mesurable.

Les logiciels de double n-back : améliorer votre intelligence, ça vous tente ?

Il existe plusieurs logiciels qui vous permettent de booster votre intelligence. **IQ Mindware**[36] est payant et **Brain Workshop**[37] est en accès gratuit. Ces logiciels reposent sur le principe du *double n-back*. Il s'agit de logiciels très difficiles, il vous faudra vous accrocher. Les recherches des scientifiques montrent que les meilleurs résultats apparaissent au bout d'une demi-heure de pratique par jour pendant 19 jours consécutifs.

Pour le rebelle intelligent que vous êtes, je préconise d'utiliser ces logiciels une demi-heure par jour pendant une vingtaine de jours.

Moi-même j'ai abandonné au bout de 10 jours consécutifs, mais quelques mois plus tard, j'ai réussi à faire les 20 sessions proposées par IQ Mindware. Alors tenez bon !

Au-delà de votre mémoire, les logiciels de *double n-back* entraînent aussi votre capacité d'attention et votre motivation.

HACKEZ VOTRE ESPRIT AVEC LA MÉDITATION

La méditation est une pratique qui comprend de nombreux avantages : elle prend peu de temps (quelques minutes par jour) sans demander d'équipement particulier et coûteux. Elle peut se pratiquer indépendamment de toute religion ou au contraire s'y intégrer parfaitement. Elle nous permet d'atteindre de nombreux objectifs : se détendre, améliorer sa confiance en soi, trouver un sens à sa vie, entrer en communication avec son Dieu. Ses effets sur la santé sont également prouvés[38] : réduction du stress de l'anxiété et des troubles dépressifs, renforcement du système immunitaire, renforcement des facultés d'attention, diminution de la tension artérielle...

Quant à ses effets sur l'intelligence et la concentration, les voici :

- ✓ augmentation de votre capacité à gérer vos émotions[39]
- ✓ augmentation de votre capacité de concentration[40]
- ✓ réduction des troubles de l'attention[41]
- ✓ augmentation de votre mémoire et de vos capacités de traitement visuel[42]
- ✓ amélioration de vos capacités d'apprentissage[43]

Développer sa volonté et sa concentration en 5 minutes par jour

Asseyez-vous sur une chaise dans un endroit calme où vous ne serez pas dérangé, ou asseyez-vous par terre (ou sur un coussin) avec les jambes en tailleur si vous pouvez.

- **La position :** dos bien droit, les mains dans le giron, la main droite sur la gauche, les pouces se touchent. Pendant la méditation, essayez de ne pas trop bouger.
- **La respiration :** commencez par faire 5 inspirations et expirations lentes pour vous préparer à la méditation. Elles doivent être longues, 10 secondes ou plus.
- **Ensuite commence l'exercice :** fermez les yeux et fixez votre attention sur un point précis puis sur votre respiration. Sentez l'air qui rentre et sort de vos narines.

Après quelques respirations, commencez à compter dans votre tête, à chaque inspiration et expiration, et essayez d'aller jusqu'à 10 sans qu'aucune pensée vienne vous distraire. Une fois que vous arrivez à 10 sans vous laisser emporter par une pensée, comptez à l'envers pour arriver à zéro. Et ainsi de suite. Une fois que vous avez terminé l'exercice, essayez de vous concentrer sur votre respiration sans compter.

HACKEZ VOTRE CORPS POUR TRIPLER VOTRE ÉNERGIE

LE SPORT ET SES PERFORMANCES SUR LE CERVEAU

De nombreuses études montrent que le sport, en plus de tous les bienfaits physiques qu'il apporte, a également de nombreux bénéfices pour le cerveau :

- ✓ Les séances de fitness améliorent significativement les performances intellectuelles des personnes âgées[44].
- ✓ Des séances de cardio améliorent la plasticité du cerveau, le rendent plus efficace et davantage prêt à s'adapter[45].
- ✓ Marcher régulièrement 2,5 kilomètres par jour divise par deux les risques de développer une maladie du cerveau comme Alzheimer, chez les hommes âgés de plus de 71 ans[46].
- ✓ Faire de l'exercice régulièrement augmente significativement les capacités d'apprentissage et de mémorisation[47].
- ✓ Des séances de sport de 30 minutes à 1 heure rendent des employés plus productifs, moins stressés et moins fatigués[48].

Ce sont les résultats de nombreuses études sur la question et je pourrais vous en citer bien d'autres.

Le sport est bon non seulement pour votre moral et votre santé mais aussi pour vos capacités d'apprentissage !

LA SÉANCE DE SPORT DE 7 MINUTES

Je sais : vous êtes débordé et, non content de vous donner à faire de la méditation et des séances de double n-back, je vous demande de faire du sport !

Et si je vous disais que vous pouvez aussi retirer un maximum de bénéfices pour votre santé, votre humeur et vos performances intellectuelles en seulement 7 minutes de sport par jour ?

En 2013, deux chercheurs en physiologie de la performance humaine, Brett Klika et Chris Jordan, ont développé une méthode[49] pour leurs clients, des hommes et des femmes d'affaires très occupés, fondée sur l'entraînement fractionné de haute intensité. Ces entraînements sont un moyen rapide et efficace de perdre du poids.

Cela consiste en une série de de 12 exercices de 30 secondes chacun, à l'intensité maximale dont vous êtes capable, avec 10 secondes de repos entre chaque exercice.

1 Jumping Jacks

2 La Chaise

3 Les pompes (Un classique !)

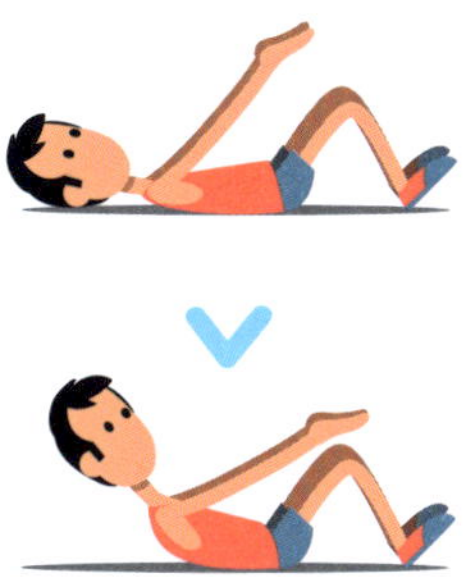

4 Les abdominaux

5 Monter et descendre d'une chaise

6 Les squats

7 Des dips triceps sur une chaise

8 La planche

9 Courir sur place en levant haut les genoux

10 Les fentes

11 Pompes et rotations

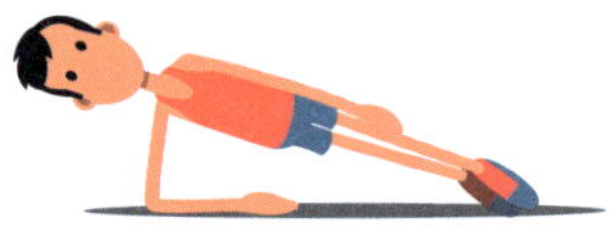

12 La planche sur le côté

L'ENCHAÎNEMENT GAGNANT

Vous pouvez faire cet enchaînement deux ou trois fois de suite si vous avez le temps, mais une fois par jour, cinq fois par semaine, c'est déjà très bien. Une méditation de 5 minutes, une séance de sport de 7 minutes et 10 minutes de *dual n-back* chaque jour, c'est une excellente manière d'obtenir des bénéfices en un temps très court.

APPRENEZ UN INSTRUMENT DE MUSIQUE

« *Une guitare acoustique est une amie pour toute votre vie.* » Mark Knopfler

De nombreuses études[50] montrent que pratiquer un instrument de musique augmente le QI, l'attention et les notes des élèves. Surtout, c'est une pratique agréable en elle-même, et qui, à la fin, vous donne une compétence utile et géniale. Donc est-ce que vous ne préférez pas apprendre la guitare (ou le luth) plutôt que de bachoter comme un damné pendant des mois, tout cela pour régurgiter votre savoir dans un QCM stupide puis en oublier plus de 80 % une fois votre diplôme en poche ?

Il existe de très bons tutoriels en ligne pour apprendre à jouer d'un instrument, mais je vous conseille quand même de prendre des cours. Ne serait-ce que les premiers mois. Et là encore, tout est dans la régularité : 15 minutes par jour, chaque jour.

LE PRINCIPE DE LA RÉPÉTITION ESPACÉE

Un des problèmes de l'école est qu'elle utilise encore des techniques du XIXe siècle pour aider les élèves à lutter contre la courbe de l'oubli.

Aujourd'hui, il existe des logiciels très performants qui analysent votre courbe de l'oubli pendant que vous apprenez quelque chose, et vous présentent ensuite ce que vous voulez retenir au moment même où vous allez l'oublier, afin d'optimiser au maximum le stockage de l'information dans votre mémoire à long terme. Cela s'appelle **la répétition espacée**.

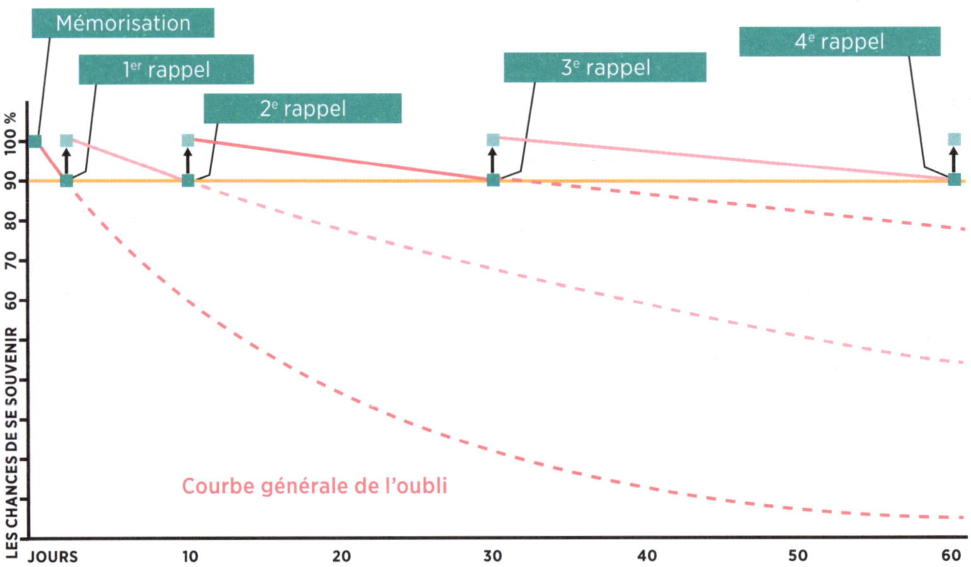

La courbe de l'oubli[51]

Le principe est simple : plus on vous soumet la chose à apprendre, moins vous l'oubliez et plus les répétitions s'espacent. Elle a été théorisée dès 1932[52] et son efficacité a été maintes fois prouvée[53] depuis. Pourquoi, alors, a-t-elle aussi peu de place dans notre système scolaire ?

Heureusement, nous, les rebelles intelligents, n'attendons pas qu'une technique soit validée par l'Éducation nationale pour nous en servir !

Voici comment cela fonctionne : le logiciel vous présente plus souvent ce que vous avez du mal à retenir et plus rarement ce que vous retenez facilement. Les éléments à apprendre vous sont présentés sous la forme de flash cards qui vous posent des questions sur ce que vous avez appris. Vous répondez à la question puis vous appuyez sur l'icône correspondante si :

- Vous vous rappelez parfaitement de la réponse.
- Vous vous rappelez moyennent de la réponse.
- Vous ne vous rappelez pas du tout de la réponse.

Ainsi, le logiciel saura quelles connaissances vous faire remonter et comment les espacer à mesure que vous apprenez. Contrairement au bachotage, la répétition espacée a le mérite de vous assurer de stocker des connaissances de manière bien plus efficace.

Et le plus beau : la plupart de ces logiciels sont gratuits !

Le principe de la répétition espacée dans l'apprentissage des langues

Duolingo, un excellent complément pour les débutants mais trop facile

Duolingo est une application en ligne que vous pouvez utiliser sur votre ordinateur ou votre smartphone pour apprendre des langues. Elle est gratuite ! Cette application utilise la répétition espacée pour l'efficacité et la *gamification* pour la motivation. Et l'ordre dans lequel les modules vous sont proposés a été scientifiquement testé pour optimiser vos chances de réussir. Duolingo a plus de 25 millions d'utilisateurs actifs tous les mois ! Je recommande Duolingo en complément d'un autre logiciel.

Mosalingua, la version plus difficile de Duolingo

L'application Mosalingua est plus difficile, mais redoutablement efficace. Le principe est simple et repose notamment sur deux concepts que nous avons vus dans ce livre :
1. Le 80/20
2. La courbe de l'oubli et la répétition espacée

Je vous recommande fortement cette app, que j'ai utilisée pour apprendre le portugais.

MAÎTRISER UNE LANGUE ÉTRANGÈRE EST UN ATOUT INDISPENSABLE POUR LE REBELLE INTELLIGENT

Parler une langue étrangère est aussi important pour réussir dans la vie que l'école est incompétente à vous la faire apprendre[54]. Voilà pourquoi je veux consacrer du temps à vous montrer comment vous débrouiller par vous-même !

L'APPROCHE 80/20 DU CHOIX DES LANGUES À APPRENDRE

Le 80/20 passe d'abord par le choix de la langue : puisqu'on va devoir consacrer au moins plusieurs centaines d'heures à l'apprentissage de la langue, autant que celle-ci nous serve.

Quelles sont les langues les plus parlées dans le monde[55] ?

1 Le mandarin (1,120 milliard)

2 L'anglais (480 millions)

3 L'espagnol (320 millions)

4 Le russe (285 millions)

5 Le français (265 millions)

6 L'hindi/l'ourdou (250 millions)

7 L'arabe (221 millions)

8 Le portugais (188 millions)

9 Le bengali (185 millions)

10 Le japonais (133 millions)

COMMENT APPRENDRE ET QUE FAIRE AU-DELÀ DE L'IMMERSION ?

Vous l'avez compris, la vraie approche 80/20 pour apprendre une langue est l'immersion totale. Attention toutefois à la différence entre vivre dans un pays et être immergé dans la langue du pays. Il faut veiller à être vraiment en contact avec des natifs.

C'est un classement imparfait. En 1997, le chercheur Georges Weber a voulu aller plus loin en classant les langues à partir de 6 critères, notamment le nombre de locuteurs en langue maternelle, le nombre de locuteurs en langue secondaire et le pouvoir économique des pays utilisant cette langue, et aussi, son prestige socioculturel.

Ce qui donne une tout autre liste, en tête de laquelle apparaissent l'anglais, le français, l'espagnol et le russe.

Le choix le plus 80/20 serait bien sûr de prendre l'anglais en LV1. En LV2, l'espagnol est un choix parfait pour les francophones européens étant donné sa facilité d'apprentissage pour nous, la proximité de l'Espagne et le développement économique de l'Amérique Latine.

MAÎTRISER UNE LANGUE ÉTRANGÈRE SANS EFFORT : L'ACCENT ET LA PRONONCIATION

L'ACCENT

Vous avez un accent à couper au couteau et vous en avez honte ? C'est une erreur ! Tant que vous prononcez les mots correctement et que vous êtes compris, votre accent vous distinguera, vous rendra intéressant. Regardez Jane Birkin ! l'ex-femme de Gainsbourg. Son accent anglais lui donne un charme fou et a certainement été un atout dans sa carrière… et l'une des raisons qui font qu'elle a plu à Serge Gainsbourg ! Néanmoins, faites attention de prononcer les sons correctement, surtout ceux qui peuvent entraîner un problème de compréhension.

Quelques mots anglais que les francophones prononcent souvent mal

- ***Sun*** (soleil) se prononce exactement de la même manière que ***son*** (fils).
- Le « ***l*** » de *salmon* (saumon) est muet (si, si !).
- De même le « ***b*** » de *plumber* (plombier) est muet, on prononce en effet « pleum-meur ».
- Idem pour le « ***l*** » de *half*, que l'on prononce « haf ».
- ***Island*** (île) ne se prononce pas « isselande » mais « aïelande ». Le « s » est muet.

LA PRONONCIATION

Toutes les langues n'ont pas la même difficulté de prononciation, l'anglais par exemple est très compliqué à ce niveau : il y a 44 sons dans cette langue… et 1 100 manières de les écrire ! À titre de comparaison, le français a 32 sons et 250 manières de les écrire, et l'espagnol a 35 sons et 38 manières de les écrire (oui, l'espagnol se prononce presque comme il s'écrit et inversement !).

Il est important de se familiariser avec les sons différents d'une langue et les différentes manières de les écrire afin de se faire comprendre.

Les exemples en anglais sont nombreux. **Le fameux *th*** que nous, Français, prononçons comme un « z » car pour nous la différence est subtile alors que pour les Anglais elle est aussi évidente que le « u » et le « ou » pour nous.

Et le « h » qui se prononce en début de mot[56]. Un anglophone entendra tout de suite à votre « ello » que vous n'êtes pas natif.

Je pourrais continuer comme ça longtemps. Si vous prenez des cours, l'idéal serait d'avoir un prof dont c'est la langue natale.

MAÎTRISER UNE LANGUE ÉTRANGÈRE SANS EFFORT : DÉVELOPPER VOTRE COMPRÉHENSION ORALE SANS PERDRE TROP DE TEMPS

Pour développer votre compréhension orale d'une langue, pas de secret : il faut entendre et écouter cette langue au maximum.

Parfait ! Mais comment faire quand on ne vit pas dans un pays où la langue est parlée ?

C'est simple, il suffit de tirer profit de vos temps de transport et de déplacement. Admettons que vous passez une heure par jour à vous déplacer, et ce, 5 jours par semaine, 47 semaines par an ? Imaginez les résultats que vous auriez si vous utilisiez 200 heures sur ces 235 à pratiquer l'écoute de la langue que vous voulez maîtriser !

VOTRE TEMPS DE TRAJET

✓ Écoutez des podcasts

Des milliers de podcasts sont accessibles gratuitement sur Internet. Vous pouvez écouter des podcasts « classiques » comme des émissions de radio ou des émissions thématiques, mais vous pouvez aussi choisir des podcasts dédiés à l'apprentissage de la langue en question.

✓ Écoutez des livres audio

Ces livres, lus le plus souvent par des comédiens, vous permettent de « lire sans lire ». Vous les trouverez sur les plateformes comme Amazon, iTunes, etc.

PROFITEZ !

Bien sûr, je ne vous conseille pas d'utiliser absolument chaque minute de vos déplacements pour cela. Si vous le voulez et le pouvez, allez-y, mais ce n'est nullement obligatoire. C'est pour cela que je suis parti de l'hypothèse de 200 heures par an plutôt que 235. De temps en temps, profitez du soleil, de la balade et du chant des oiseaux[57]. Écoutez de la musique dans la langue ciblée !

SUITE DE VOTRE TEMPS DE TRAJET

✓ Regardez des films

Bien sûr, il vaut mieux regarder les films en version originale. Un peu comme pour les petites roues du vélo, il faut néanmoins finir par se passer des sous-titres.

✓ Regardez des vidéos YouTube

Il y a d'innombrables vidéos sur tous les sujets sur YouTube, dans la langue que vous voulez apprendre.

✓ Trouvez un prof sur le web

Il est très facile de trouver des locuteurs de langue anglaise sur Internet.

Et la pratique de l'écrit et de l'expression orale ?

Ces conseils ne permettent pas de pratiquer l'écrit et l'expression orale. Mais en pratiquant la lecture et la compréhension orale, vous allez forcément améliorer votre expression écrite et orale. Et si ce n'est pas assez, inscrivez-vous sur des forums en ligne relatifs à un sujet qui vous passionne dans la langue que vous souhaitez apprendre. Ou sinon, hébergez des touristes via le CouchSurfing ou Hospitality Club.

DÉVELOPPEZ RAPIDEMENT VOTRE CAPACITÉ DE LECTURE

L'idéal pour développer vos compétences à l'écrit est de lire dans la langue originale. Commencez par un livre court et facile. Pourquoi pas une BD ?
Je vous recommande ensuite de passer au premier tome d'Harry Potter. Vous pouvez même lire toute la série, comme je l'ai fait !

COMMENT APPRENDRE SANS EFFORT AVEC L'ART OUBLIÉ DE LA MNÉMOTECHNIQUE

Vous vous rappelez ce bon vieil « Ornicar » ? « Mais où est donc Ornicar » est l'un des rares moyens mnémotechniques que l'on apprend à l'école pour se souvenir efficacement de quelque chose. Des conjonctions de coordination, en l'occurrence.

Qu'est-ce qu'un moyen mnémotechnique ? C'est tout simplement une manière d'arranger l'information pour qu'elle soit plus facile à retrouver. Saviez-vous qu'il existe une méthode pour l'utiliser de manière systématique pour tout ce que vous apprenez ?

Notre cerveau a évolué pour retenir plus facilement les images que toute autre chose. Si je vous dis « chien », vous allez voir l'animal et non un C un H un I un E et un N.

Voyons comment utiliser la puissance de notre cerveau à traiter des images pour apprendre.

RACONTER UNE HISTOIRE POUR MIEUX RETENIR

La méthode d'association d'idées revisitée !

glace + mouton + général + rouge + voiture + arbre + maison + étoile
sous-marin + éléphant + fusée + SMS + casquette + table

1. Lancez un minuteur sur votre smartphone pour 2 minutes et essayez d'apprendre tous ces mots dans l'ordre. Une fois les deux minutes écoulées, notez les mots que vous avez retenus.
2. Maintenant faites le même exercice mais en vous racontant une histoire avec tous ces mots mis ensemble. Voici un exemple :

Je donne une glace à un mouton qui est conduit par un général rouge qui se dirige en voiture vers un arbre à côté d'une maison sous les étoiles, afin d'aller dans un sous-marin à côté d'un éléphant, qui doit me conduire à une fusée pour envoyer un SMS après avoir mis la casquette qui est sur la table.

Cette méthode d'association d'idées a été inventée dès l'Antiquité et vous servira à apprendre des listes de mots certes, mais bien plus encore !

Vous pouvez utiliser cette technique pour hacker votre apprentissage. Il suffit tout simplement de choisir des mots-clés correspondant aux passages les plus importants à retenir du texte. Ces mots-clés peuvent être directement tirés du texte ou constituer des résumés en un mot des idées les plus importantes. Et ensuite, vous créez une histoire autour de ces mots pour vous en souvenir. Ainsi, au moment de restituer l'information, il vous suffit de vous repasser l'histoire dans votre tête pour être sûr de ne pas louper des concepts importants.

LA MÉTHODE DES LIEUX

Voici une autre technique oubliée à l'école et qui a fait fureur pendant plus de 2 000 ans.

Imaginez un lieu que vous connaissez très bien. Typiquement votre maison ou votre appartement[58]. Avez-vous remarqué que vous vous rappelez sans effort une dizaine d'éléments ?

Vous découvrez deux choses : le fait que vous vous rappelez énormément de choses quand il s'agit de la configuration d'un lieu connu[59] ; et l'existence de votre premier « palais de mémoire ».

Le palais de mémoire est le lieu que vous allez utiliser pour hacker votre apprentissage.

La méthode des lieux en action

Faites une liste d'objets, n'importe lesquels et placez-les dans ces lieux familiers. Puis passez en revue tous ces objets. Vous verrez que vous vous souvenez des mots très facilement.

Faisons l'essai avec cette liste d'objets :

pomme ✦ banane ✦ tasse de thé ✦ appareil photo ✦ ordinateur

Vous allez entrer dans la première pièce de votre foyer et poser la pomme sur un élément du décor. Puis la banane sur un autre. Puis la tasse de thé sur un autre. Etc. Posez-les dans des endroits bien distincts, faciles à identifier pour vous. Quand il n'y a plus d'endroits distincts dans la pièce où vous vous situez mentalement, passez à la suivante. Pour les objets qui pourraient déjà se trouver dans votre appartement et que vous avez l'habitude d'entreposer à certains endroits, pensez à les mettre dans des positions incongrues dans lesquelles vous ne les mettriez jamais dans la vraie vie. Par exemple, dans mon appartement je commence par la cuisine, je pose mentalement la pomme sur ma machine à thé (ce que je ne fais pas dans la vraie vie !).

Cette méthode est tellement puissante qu'elle vous permet même de vous souvenir de la liste d'objets dans le désordre.

« Génial », allez-vous me dire, « mais à part pour apprendre une liste de courses, à quoi ça va me servir ? » Bonne question.

Vous pouvez en effet hacker votre mémoire grâce à ces deux méthodes. Si vous devez apprendre un cours d'histoire par cœur, une analyse géopolitique, économique ou sociologique, un article, le fil rouge d'une réunion, il suffit de choisir des mots-clés correspondant aux passages les plus importants à retenir du texte et ensuite de créer une histoire autour de ces mots ou d'appliquer la méthode des lieux pour vous en souvenir.

3,5 TECHNIQUES POUR MOINS DE BÊTISE ET PLUS D'INTELLIGENCE AVEC LA DIÈTE MÉDIATIQUE

Attentats. Guerres. Famines. Catastrophes. Embouteillages. Chômage. Voilà quelques-uns des sujets que vous assènent les médias au quotidien. Très positifs, n'est-ce pas ? Sans même parler des infos inutiles dont vous aurez oublié 80 % au bout de quelques jours.

La diète médiatique est l'art d'éviter tout ce bourrage de crâne afin de sélectionner de quoi nourrir son esprit.

Voici 3,5 méthodes pour enrichir votre esprit de choses saines.

1 Arrêtez de consulter toutes les sources d'information généralistes

Journaux télévisés, radio, Google Actualités, Reuters, AFP, Facebook, etc. C'est d'elles que viennent toutes les mauvaises nouvelles qui minent votre moral et occupent votre cerveau pour rien.

2 Choisissez des sources d'information directement liées à votre métier

Magazines, blogs, livres, vidéos TED[60], vont venir remplacer les journaux télévisés. Ou sinon, riez avec vos amis, profitez de ce que vous faites. Profitez de tout ce qui peut vous faire progresser vers vos objectifs.

3 Si cette diète vous rend sceptique : tant mieux !

Doutez de manière positive, et essayez, plutôt que de camper sur vos certitudes. Au moins pendant 7 jours. Si toutes ces infos ne vous manquent pas, essayez encore 30 jours. Je suis sûr que vous pourrez prolonger à l'infini.

3,5. Si vous ne pouvez pas vous déconnecter du monde mais voulez filtrer 95 % des mauvaises nouvelles, essayez ça... Suivez l'actualité des découvertes scientifiques. Elles vous permettent de rester connecté et de mieux anticiper le monde qui s'annonce. Je vous recommande Futura Science[61].

La diète médiatique vous aidera à répondre aux grandes questions que vous vous posez sur votre place dans le monde. Essayez !

LE FEU SACRÉ

DU CANCRE DÉMOTIVÉ À L'ENTREPRENEUR BRILLANT

Lors de ma dernière année de lycée, j'étais souvent absent, mes notes étaient mauvaises, je dormais en classe. Et j'ai eu plus d'absences « pour maladie » lors de cette année que dans les vingt ans de ma carrière d'entrepreneur qui ont suivi. Au point que le directeur de mon école m'a convoqué pour me dire que j'étais tellement démotivé que je démotivais les autres, et qu'il n'allait pas me réinviter l'année suivante. Cela tombait bien, puisque j'avais déjà décidé de monter mon entreprise. Ce qui ne s'est pas fait sans mal non plus, puisque j'ai dû batailler pour tout : l'absence de diplômes, l'absence de financement, l'absence d'expérience, etc.

J'ai réussi à obtenir 15 000 euros de financement et à créer mon entreprise. Puis sont venus les premiers vrais obstacles : trouver les premiers clients, mettre en place une véritable stratégie d'acquisition. Lutter pour que mon entreprise ne fasse pas faillite au bout de six mois.

Le succès a pourtant été éclatant.

Le cancre démotivé et démotivant et l'entrepreneur qui a réussi sont une seule et même personne. **La seule chose qui les différencie : la motivation et le feu sacré.**

L'UNIVERS DU BLOGGING OU LE RETOUR DU FEU SACRÉ

Lorsque j'ai décidé de monter mon entreprise, j'avais le feu sacré parce que j'avais trouvé un but à mon existence. Avec le feu sacré, tous les obstacles que je prenais pour des montagnes infranchissables sont devenus de simples dos d'âne. Ils me ralentissaient, mais étaient incapables de me stopper. Puis, après quelques années, ce feu sacré s'est transformé en braises, qui attendaient un nouveau souffle pour être ranimées.

Quand j'ai découvert l'univers du blogging, puis la philosophie de *La semaine de 4 heures*, j'ai découvert pour la seconde fois le but de mon existence, qui allait dans le même sens que le premier : **encore plus de liberté, encore plus de possibilités.**

Et se lancer dans un challenge excitant et marrant en même temps. Le feu sacré est revenu. J'ai démarré mon premier blog sans rien y connaître. J'ai fait toutes les erreurs possibles et imaginables. Ça a été un échec retentissant. En fait non : tout le monde s'en foutait. Et j'ai continué. J'ai créé un deuxième blog, puis un troisième blog, à temps partiel, toujours en gérant mon entreprise à côté. Je me suis formé, notamment aux États-Unis, sur les meilleures manières de faire d'un blog un véritable business. J'ai lu une tonne de livres. Embauché un consultant marketing. Lancé mon premier produit. Et j'ai réussi, au-delà de mes rêves les plus fous.

POUR LE REBELLE QUI VEUT PASSER À L'ACTION

Comment avoir le feu sacré ? Trouvez ce que vous aimez le plus dans la vie. Pour moi, c'est la liberté, l'indépendance. Pour vous, ça peut être l'amour. L'argent. Aider les autres. Peu importe. Trouvez ce que vous aimez et mettez en place un projet qui vous challenge pour l'obtenir.

Chapitre 4

RÉSISTER À LA GLACE AU CHOCOLAT ET À LA PIZZA AUX TROIS FROMAGES : COMMENT BOOSTER VOTRE VOLONTÉ

« NOTRE CARACTÈRE EST FAIT D'HABITUDES : QUI SÈME UNE PENSÉE RÉCOLTE UNE ACTION, QUI SÈME UNE ACTION RÉCOLTE UNE HABITUDE, QUI SÈME UNE HABITUDE RÉCOLTE UN CARACTÈRE, QUI SÈME UN CARACTÈRE RÉCOLTE UN DESTIN. »

– Stephen Coven

QU'EST-CE QUE LA VOLONTÉ ?

La volonté est votre capacité à vous fixer des objectifs et à vous y tenir. Il s'agit de s'engager dans des activités qui vous rapprochent de vos objectifs et de ne pas vous engager dans des activités qui vous en éloignent.

Mais pour cela, il faut savoir ce que l'on veut. Il n'y a pas de volonté sans objectif.

Le problème c'est que nous avons beau nous fixer des objectifs, comme perdre du poids, par exemple, il y a toujours un moment où notre cerveau se persuade que ce paquet de cacahuètes est une riche idée. C'est parce que notre cerveau lutte en permanence entre deux systèmes[62].

Un système instinctif qui date de l'ère où nous devions lutter pour notre survie et qui nous fera préférer un hamburger plutôt que de la salade verte quand bien même nous ne mourrions pas de faim.

Et un système plus réfléchi qui nous donne le pouvoir de résister à nos pulsions.

Tout acte de volonté est donc un combat entre ces deux parties de notre cerveau.

La volonté est un muscle qu'il faudrait entretenir. Mais comme tout muscle, plus nous l'utilisons, plus nous risquons de l'épuiser. Nous devons donc prendre soin de notre volonté avec précaution.

COMMENT BOOSTER VOTRE VOLONTÉ : L'ART DE LA DÉFINITION DES OBJECTIFS

Puisqu'il n'y a pas de volonté sans objectif, il est donc important que vous listiez vos objectifs avant de continuer.

Voici quelques exemples :

- ✓ Apprendre à jouer de la guitare
- ✓ Passer mon niveau 1 de plongée
- ✓ Créer mon entreprise
- ✓ Écrire un livre

Une fois que vous avez défini vos objectifs, voici les techniques pour les renforcer :

1 La respiration lente

À chaque fois que vous ressentez une pulsion qui vous pousse à vous écarter du but que vous vous êtes fixé, vous pouvez utiliser cette technique simple et efficace[63] : respirez lentement et profondément. C'est tout ! Faites des inspirations et des expirations de 10 à 15 secondes.

2 La méditation

Pour augmenter votre volonté, la méthode la plus documentée et la plus efficace est la méditation.

3 Le sport

La technique régulière d'un sport renforce votre volonté[64], à la fois immédiatement après la séance et à plus long terme.

RITUELS ET HABITUDES

Le plus étonnant avec l'idée du muscle de la volonté, c'est que toute décision que nous prenons, même la plus triviale, diminue notre réserve. Même choisir entre un pain au chocolat et un croissant.

Pour éviter cela, il vous faut adopter des rituels pour accomplir chaque tâche quotidienne et vous créer des habitudes positives qui vous mènent vers vos objectifs.

LES RITUELS

Un rituel est une habitude que l'on accomplit régulièrement à un moment précis de la journée. Vous pouvez avoir par exemple un rituel pour le matin : 5 minutes de méditation au réveil, puis 7 minutes de sport, et enfin une douche.

LES HABITUDES

Une habitude est une action que nous effectuons le plus souvent sans même y penser et sans même avoir à nous motiver pour l'accomplir.

Il s'agit d'arriver à distinguer les bonnes des mauvaises habitudes, celles qui nous rapprochent de nos objectifs et celles qui nous en éloignent.

BONNES ET MAUVAISES HABITUDES

1re étape : recensez toutes vos habitudes. Cela peut être une chose simple comme grignoter un morceau de chocolat à 16 heures ou courir une demi-heure tous les matins.

2ᵉ étape : déterminez si elles sont positives ou négatives. Toutes les habitudes ayant un effet néfaste sur votre santé seront estampillées « mauvaises » et celles qui vous rapprochent de votre objectif seront « bonnes ».

3ᵉ étape : déterminez les conséquences. Par exemple, si je bois trop de bière avec mes amis le soir, c'est mauvais pour ma santé, mauvais pour mon portefeuille, et cela ne correspond pas à l'image d'homme accompli que je veux renvoyer.

4ᵉ étape : que voulez-vous à la place ? Essayez de substituer une nouvelle habitude. Par exemple, si je bois trop de bière avec mes amis, je me limite à deux verres d'alcool par soirée et je consomme davantage de soft.

5ᵉ étape : le plan d'action ! Pour chaque mauvaise habitude, trouvez un objectif de diminution et de remplacement, et une échéance pour l'atteindre. Je vous recommande de commencer petit et de faire une progression graduelle.

6ᵉ étape : scannez-vous. Régulièrement, faites un point sur vos objectifs et vos habitudes. Si vous voyez surgir une mauvaise habitude, éliminez-la illico !

UNE HISTOIRE QUE J'AIME

Un homme est au fond d'un gouffre. Il rampe à terre, agonisant : cela fait une semaine qu'il se trouve là, qu'il essaie en vain de trouver une issue, et une semaine qu'il n'a ni bu ni mangé. Il tente une toute dernière fois d'avancer le bras, échoue, et s'affale contre terre. Alors qu'il va mourir, il demande, avec toutes les forces qui lui restent : « Mon Dieu, pourquoi ne m'as-tu pas donné la force de remonter ce gouffre ? » Et Dieu lui répond : « Je t'ai donné la force de ne pas y tomber. »

METTEZ EN PLACE UN ENVIRONNEMENT SANS TENTATION

Puisque notre réserve de volonté est limitée, il est important de nous créer un environnement qui facilite la réalisation de nos objectifs.

Si par exemple vous avez décidé de monter votre entreprise et que vous avez prévu d'y consacrer deux heures chaque soir et que vous avez peur d'être tenté par la télévision et votre console de jeu, débarrassez-vous de ces accessoires.

LES BOULOTS OPPRESSANTS, OU QUE FAIRE AVEC LES ENVIRONNEMENTS DIFFICILES À MODIFIER ?

Cela vous arrivera forcément de vous retrouver occasionnellement dans des environnements difficiles à modifier. Mais que faire quand c'est un environnement dans lequel vous vous retrouvez *régulièrement* ? Votre travail par exemple ?

Si vous voulez maigrir et que votre travail vous place quotidiennement dans une situation où vous devez faire des repas d'affaires, vous pouvez demander à vos collègues de choisir des restaurants qui présentent davantage de plats sains. Vous pouvez aussi décider de manger au moins une fois seul au travail, avec un bon bouquin.

METTEZ EN PLACE DES TENTATIONS DANS VOTRE ENVIRONNEMENT

Rappelez-vous que notre volonté est comme un muscle. Nous ne voulons pas l'épuiser mais nous voulons aussi l'entraîner. Il est donc important de garder quelques tentations ici et là, justement pour nous entraîner à y résister.

Dans *The Willpower Instinct*, Kelly McGonigal nous montre l'exemple de Jim qui toute sa vie a été accro aux friandises sucrées et qui, à 38 ans, a décidé de créer une tentation délibérée. Il a placé un bol de bonbons dans le couloir menant à son bureau mais avec la règle suivante : il avait le droit de manger des bonbons mais jamais ceux qui se trouvaient dans le fameux bol. Au début, la tentation a été terrible, mais un jour, il est sorti de son bureau pour une séance de sport sans plus penser aux bonbons.

MES TENTATIONS

J'ai moi-même mis en place des tentations en trois phases.
J'ai acheté une friandise que j'adore. Je l'ai mise bien en évidence chez moi et j'y ai résisté pendant 15 jours. Puis je l'ai mangée[65].
J'ai réitéré l'expérience, mais cette fois, j'ai tenu 30 jours. Puis je l'ai donnée à quelqu'un.
Une nouvelle fois, j'ai acheté la même friandise et j'ai tenu 90 jours. Puis je l'ai donnée à quelqu'un.
Les bienfaits de cet exercice ont été immédiats : je suis beaucoup moins tenté par les sucreries et la malbouffe.

DÉTERMINEZ LE MOMENT IDÉAL

Les recherches montrent qu'en général, la volonté est plus forte en début de journée qu'en fin de journée.

Si vous devez travailler sur un projet qui vous tient à cœur, le meilleur moment est sans doute le matin. Ceci étant dit, vous avez peut-être votre propre rituel, le soir en rentrant du travail ? Vous mettez de la musique, vous vous servez un verre de jus de fruits avant de vous concentrer sur votre projet.

Identifiez votre moment de la journée où vous êtes le plus détendu et concentré. Cela pourrait suffire à recharger votre réserve de volonté et à vous permettre d'être productif sans céder aux tentations.

De temps en temps, il vous arrivera de céder à la tentation. C'est tout à fait normal. C'est humain. Une défaite est un simple trébuchement qui ne doit pas vous empêcher de persévérer.

LA RÉCOMPENSE D'UNE VOLONTÉ DE FER N'EST PAS L'EXCUSE POUR SE FAIRE PLAISIR

En revanche, ce n'est pas parce que vous avez réussi à résister à la tentation que vous devez vous autoriser à succomber à la prochaine. Les recherches montrent que les personnes qui ont le sentiment d'avoir progressé vers leur objectif sont celles qui sont le plus susceptibles de succomber à une tentation.

« Pourquoi avez-vous résisté à la tentation ? »

Voici un exemple éloquent. Des chercheurs ont séparé des personnes qui suivaient un régime en deux groupes. Dans l'un des groupes, ils ont félicité les participants. Dans l'autre, ils n'ont rien dit. À tous, ils ont proposé de choisir entre une pomme et une barre de chocolat.

85 % des personnes félicitées ont choisi la barre de chocolat, contre **58 %** chez les personnes qui n'ont pas été félicitées[66].

Des chercheurs de Hong Kong ont trouvé une sorte de formule magique pour inverser la tendance. À leurs étudiants, ils ont demandé de se souvenir de la dernière fois qu'ils avaient résisté à une tentation. L'effet a été immédiat : **70 %** ont cédé à la prochaine tentation qui s'est présentée à eux.

Mais lorsqu'ils leur ont demandé « Pourquoi avez-vous résisté à la tentation ? », leur réaction a été inversement proportionnelle : **69 %** ont résisté à la tentation.

Posez-vous cette question, cela vous rappellera votre objectif initial.

RÉSISTEZ AVEC SUCCÈS À LA TENTATION

COMMENT UN OBJET BANAL VA RENFORCER VOTRE VOLONTÉ (ET VOTRE PRODUCTIVITÉ)

Halloween, 1978.

Un groupe d'enfants déguisés pour Halloween entre dans une pièce, dans laquelle se trouvent des bonbons un peu partout. Un adulte dit aux enfants qu'il doit s'absenter quelques minutes et qu'ils n'ont droit qu'à un bonbon chacun.

Les enfants sont observés par des chercheurs qui veulent savoir s'ils vont obéir à l'adulte ou céder à la tentation. Ils ont été divisés en deux groupes. Dans l'un 34 % des enfants ne mangeront qu'un bonbon, dans l'autre 9 %[67].

La différence ? Elle est simple : **un miroir**.

Dans la pièce où se trouvait un miroir, 25 % d'enfants en plus ont résisté à la tentation de manger plus qu'un seul bonbon.

Pourquoi ? D'après les chercheurs[68], c'est parce que le miroir nous fait davantage prendre conscience de nous-mêmes, nous rappelle nos objectifs à long terme.

1 + 1 = 3. OU LA FORCE DE « L'AMI DE CHALLENGE »

Une autre façon de ne pas épuiser votre réserve de volonté et de limiter vos risques de succomber aux tentations est de vous trouver **un « ami de challenge »**.

Un ami qui en est au même point que vous et qui a des objectifs similaires.

Pour vous en vanter les avantages, laissez-moi vous raconter une histoire !

Il y a quelques années, j'ai voulu me mettre à la musculation. Je m'étais déjà inscrit dans un club de sport avant d'abandonner au bout d'un mois, je savais qu'il serait difficile de me motiver sur la distance.

La solution était toute trouvée : j'ai proposé à un ami de s'y mettre avec moi ! Tous les dimanches après-midi, nous nous retrouvions à la salle de sport pour faire une séance de 1 h ou 1 h 30.

Pour toutes les fois où vous aurez envie de profiter du soleil, de tester votre nouveau jeu vidéo, de vous reposer après une soirée un peu arrosée, la présence de votre ami de challenge vous poussera à prendre votre sac et à sortir de chez vous. Cela crée un lien de réciprocité, qui crée presque magiquement de la discipline sans vous demander beaucoup d'énergie.

LE POUVOIR DE LA COMPÉTITION AMICALE

Une excellente manière de vous stimuler et de diminuer vos chances de céder aux tentations sans trop entamer vos réserves de volonté est de faire une compétition amicale avec un ami de challenge.

Le principe est simple : régulièrement, vous allez vous fixer un défi à relever qui vous fera avancer vers votre objectif. Cette émulation sympathique vous motivera vous et vos amis.

Le défi doit être similaire mais vous ne devrez pas forcément atteindre le même résultat. Il faut tenir compte des forces de chacun.

MA COMPÉTITION AMICALE

J'ai moi-même utilisé ce principe pour me forcer à écrire de la fiction. Je suis un grand fan de science-fiction et j'ai toujours rêvé d'en écrire et d'en publier. Perdu dans ma procrastination, j'ai eu l'idée de mettre en place une compétition amicale pour me challenger. J'ai créé un « cercle d'écrivains amateurs » avec deux camarades et nous devions écrire une nouvelle en un mois sur le même sujet. Cela m'a permis d'écrire une nouvelle qui a été publiée.

LE POUVOIR DE L'ACCOUNTABILITY

Outre la compétition amicale, il existe un autre facteur de motivation : **l'*accountability*.**

Ce mot n'a pas d'équivalent direct en français. On pourrait le traduire par « la responsabilité » mais le sens est plus large que cela. Ce serait plutôt « le devoir de rendre des comptes » ou « le devoir de répondre de ses actes ».

Concrètement, **il s'agit de s'engager auprès de quelqu'un à faire une action régulièrement et de demander à la personne de s'assurer que vous faites bien ce que vous vous êtes engagé à faire.**

Cela peut aller de s'engager à ne manger qu'une pizza par semaine au nombre de mots que vous allez écrire par jour afin de terminer votre livre.

Pour vous faciliter la tâche et tenir les comptes, vous pouvez utiliser des tableurs, des Google Docs ou une Dropbox. Votre ami sera chargé de vous suivre et il devra, bien sûr, être prêt à vous rappeler (gentiment !) à l'ordre.

Comment Kate Strong[69] est devenue championne du monde en 14 mois grâce à la compétition amicale

Lorsqu'une amie lui dit : « Tu devrais te mettre au triathlon », Kate Strong a 33 ans et a cru à une blague. Mais l'idée a fait son chemin, et quand elle a décidé de s'y mettre, elle n'a pas fait les choses à moitié et s'est lancée dans un Ironman. Quatorze mois plus tard, elle remportait la médaille d'or de sa catégorie lors des championnats du monde en Chine. Outre une génétique favorable, Kate Strong a utilisé la compétition amicale pour se préparer. Et le plus simplement du monde : elle a recruté des amies et les a incitées à faire un peu plus de sport chaque semaine avec chacune ses objectifs à dépasser. Kate Strong est restée ainsi motivée durant les 14 mois de préparation.

MÉNAGEZ VOTRE RÉSERVE DE VOLONTÉ : UTILISEZ LES PROFS ET LES COACHS

Si vous pouvez vous le permettre, avoir quelqu'un qui se charge de vous faire progresser vers un de vos objectifs est une des meilleures manières de gérer intelligemment votre réserve de volonté.

Par exemple, lorsque mon « ami de challenge » a déménagé, j'ai su qu'il serait difficile pour moi de m'auto-coacher dans ma pratique de la musculation. J'ai donc fait appel à un coach sportif à domicile.

Bien sûr, cela a un coût, mais si vous pouvez vous le permettre, essayez ! C'est l'une des manières les plus simples de progresser rapidement.

Comme vous achèterez une contrainte, vous économiserez votre réserve de volonté pour des choses qui comptent. Cela vous donnera un avantage considérable.

ADOPTEZ UN SYSTÈME DE PRODUCTIVITÉ EN 5 HABITUDES

Examinons un peu le fonctionnement de notre cerveau dans une situation typique du quotidien.

Vous êtes au supermarché et, tandis que vous remplissez votre chariot, votre esprit pense à de nombreuses choses. Vous songez qu'il faut appeler le plombier pour cette histoire de pression de douche. Qu'il faut rendre à Hélène un document très important et que vous auriez déjà dû le rendre la semaine dernière.

De retour chez vous, vous vous apercevez que vous avez oublié le lait. Zut ! Vous allez devoir passer à l'épicerie en rentrant du travail.

Arrivé au bureau, vous vous mettez au travail mais très vite votre esprit vagabonde. Plombier. Hélène. Film à voir sur Netflix.

Ces pensées incessantes vous distraient en permanence de la tâche que vous accomplissez. Ce phénomène, les scientifiques lui ont donné un petit nom : l'effet Zeigarnik[70].

Un moyen de contrer l'effet Zeigarnik[71] : faire des plans. Ou pour revenir à la bouteille de lait : faire une liste de courses.

C'est là l'objectif d'un système de productivité : soulager le cerveau en notant dans un système de confiance toutes les tâches que vous voulez accomplir.

Un exercice pour y voir plus clair

Prenez une feuille de papier et notez la situation à laquelle vous pensez le plus en ce moment, puis écrivez ensuite en une seule phrase comment vous voulez que l'affaire soit conclue.

- Prendre des vacances en Espagne. Allumer l'ordinateur et faire une recherche pour trouver une destination.
- Faire la révision de la voiture. Appeler le garage pour prendre rendez-vous.

Il existe plusieurs systèmes de productivité :

Le plus célèbre est ***Getting things done*** de David Allen.

Il a fait ses preuves en étant utilisé avec succès par des milliers de cadres, artistes, auteurs, entrepreneurs, etc., depuis sa sortie en 2001.

Il est toutefois si complet qu'il a un côté « usine à gaz » qui le rend difficilement applicable en intégralité.

Je suis donc passé à un système plus simple, ***Zen to done***[72], créé par Leo Babauta, le célèbre blogueur[73]. Je l'ai mélangé à un autre, ***Master your workday now*** de Michael Linenberg[74].

Le but de ces systèmes est de créer chez vous des habitudes qui vont libérer votre cerveau de la nécessité de se souvenir de tâches que vous devez accomplir. Et augmenter votre sérénité.

HABITUDE N°1 : L'ART DE SE FIXER DES OBJECTIFS

Être productif sans savoir ce que vous voulez ne sert à rien. Il faut donc se fixer des objectifs. Nous avons déjà vu dans les pages précédentes combien il est important de déterminer ses objectifs et comment il fallait faire.

OBJECTIF
SOUPE

HABITUDE N° 2 :
LA COLLECTE (TO-DO LIST) OU SAVOIR SUR QUOI IL FAUT AGIR

Prenez une feuille (ou votre ordinateur) et listez toutes **les tâches** que vous devez accomplir, sans les trier.

N'hésitez pas à décrire sobrement les actions que vous devez faire pour accomplir ces tâches.

Vous pouvez aussi faire une liste à part pour **les idées**. Faites-moi confiance ! Sinon, vous risquez de les oublier.

MON CONSEIL

Chaque semaine, le dimanche soir par exemple, vous allez déterminer les « grosses pierres » de votre semaine, c'est-à-dire les tâches quotidiennes que vous allez placer dans votre agenda.

HABITUDE N° 3 : LA PLANIFICATION STRATÉGIQUE

Reprenez **l'objectif principal** que vous vous êtes fixé.

Vous allez ensuite diviser cet objectif en plus petits objectifs :

- ✓ Objectifs mensuels
- ✓ Objectifs hebdomadaires
- ✓ Objectifs quotidiens

Prenons un exemple simple et partons du principe que votre objectif principal est de jouer « Let it be » des Beatles à la guitare tout en chantant. Le tout en trois mois, alors que vous êtes un complet débutant.

Il vous faut d'abord identifier les éléments principaux que vous allez devoir maîtriser :

- ✓ Les accords de guitare
- ✓ La rythmique
- ✓ La synchronisation entre la musique et le chant

Ensuite il faut planifier les objectifs mensuels :

- ✓ Objectif du mois 1 : savoir passer les accords main gauche de manière fluide.
- ✓ Objectif du mois 2 : maîtriser une rythmique simplifiée adaptée à la chanson.
- ✓ Objectif du mois 3 : savoir jouer et chanter la chanson en même temps.

Puis les objectifs hebdomadaires :

- ✓ Semaine 1 mois 1 : savoir enchaîner les accords principaux à votre rythme.
- ✓ Semaine 2 mois 1 : augmenter le rythme jusqu'à être capable de jouer sans trop d'erreurs un accord par seconde.

Et ainsi de suite.

Le principe des « grosses pierres »

Voici l'histoire que nous raconte **Stephen Covey**[75] dans son livre ***Priorité aux priorités***.
Un professeur s'adresse à des entrepreneurs au sujet de la gestion du temps. Il prend un bocal et le remplit à ras bord de grosses pierres. Il leur demande : Ce bocal est-il rempli ?

Les participants répondent : Oui !

Il sort alors un seau avec des petites pierres qu'il verse dans le bocal. Elles viennent se glisser entre les grosses pierres. Là encore, même question : Le bocal est-il rempli ?

Quelques-uns répondent : Cette fois, oui !

Le professeur sort alors un seau de sable et le verse entre les pierres petites et grosses.

Quelle est la leçon à retenir de cette petite démonstration ?

Les grosses pierres représentent les choses les plus importantes à faire et le sable, les moins importantes. Si vous commencez par remplir le bocal avec le sable, vous n'aurez plus de place pour les grosses pierres et donc les tâches importantes.

C'est édifiant, non ?

Ces grosses pierres pourraient être de vous entraîner tous les jours du lundi au vendredi 10 minutes le matin avant d'aller au travail et 10 minutes le soir avant de manger.

Tous les matins, fixez une à trois TPI, c'est-à-dire les « **Tâches les Plus Importantes** ».

Toutes ne sont pas reliées à votre objectif, mais peuvent être des choses que vous devez absolument faire. Et essayez de faire en sorte que votre première tâche de la journée soit une TPI. Même si vous passez le reste de la journée à boire de la bière et à bronzer sur la plage, vous aurez avancé vers votre objectif !

HABITUDE N° 4 : LE TRAITEMENT

Vous devez prendre des décisions rapides sur chacune des tâches que vous allez effectuer.

Pour chaque tâche, il y a 5 actions possibles :

1 Supprimer cette tâche
2 L'accomplir (si elle prend moins de 2 minutes)
3 Déléguer cette tâche
4 Classer
5 Planifier

1 Supprimer la tâche

Pour toute tâche à accomplir, il est important de se poser les questions suivantes[76] : Pourquoi fais-je cela et est-ce vraiment nécessaire ? Que se passerait-il si je ne le faisais pas ? Si la réponse à la question 1 est « non » et la réponse à la question 2 est « rien d'important », il faut supprimer la tâche.

2 L'accomplir si elle prend moins de 2 minutes

Si une tâche prend moins de 2 minutes et que vous ne l'avez pas supprimée, il est contre-productif de la déléguer, de l'archiver ou de la planifier.

3 Déléguer la tâche

Si vous pouvez déléguer la tâche à quelqu'un, faites-le. Peu importe que ce ne soit pas aussi bien que si vous l'aviez fait, l'essentiel est que ce soit « suffisamment bien » et, bien sûr, effectué dans les temps.

4 Classer la tâche

Toutes les tâches qui ne sont pas importantes sont à classer dans la partie « autres tâches à faire » de votre liste d'actions. Vous les accomplirez quand vous aurez terminé toutes vos TPI. Et si ces tâches restent sur votre liste plus de deux semaines, mettez-les dans la liste « Au-delà de l'horizon ». Vous les accomplirez quand vous aurez fait toutes vos TPI et toutes les « autres tâches à faire ».

5 Planifier la tâche

C'est à ce moment que vous choisissez d'inscrire une tâche, ou non, dans votre agenda.

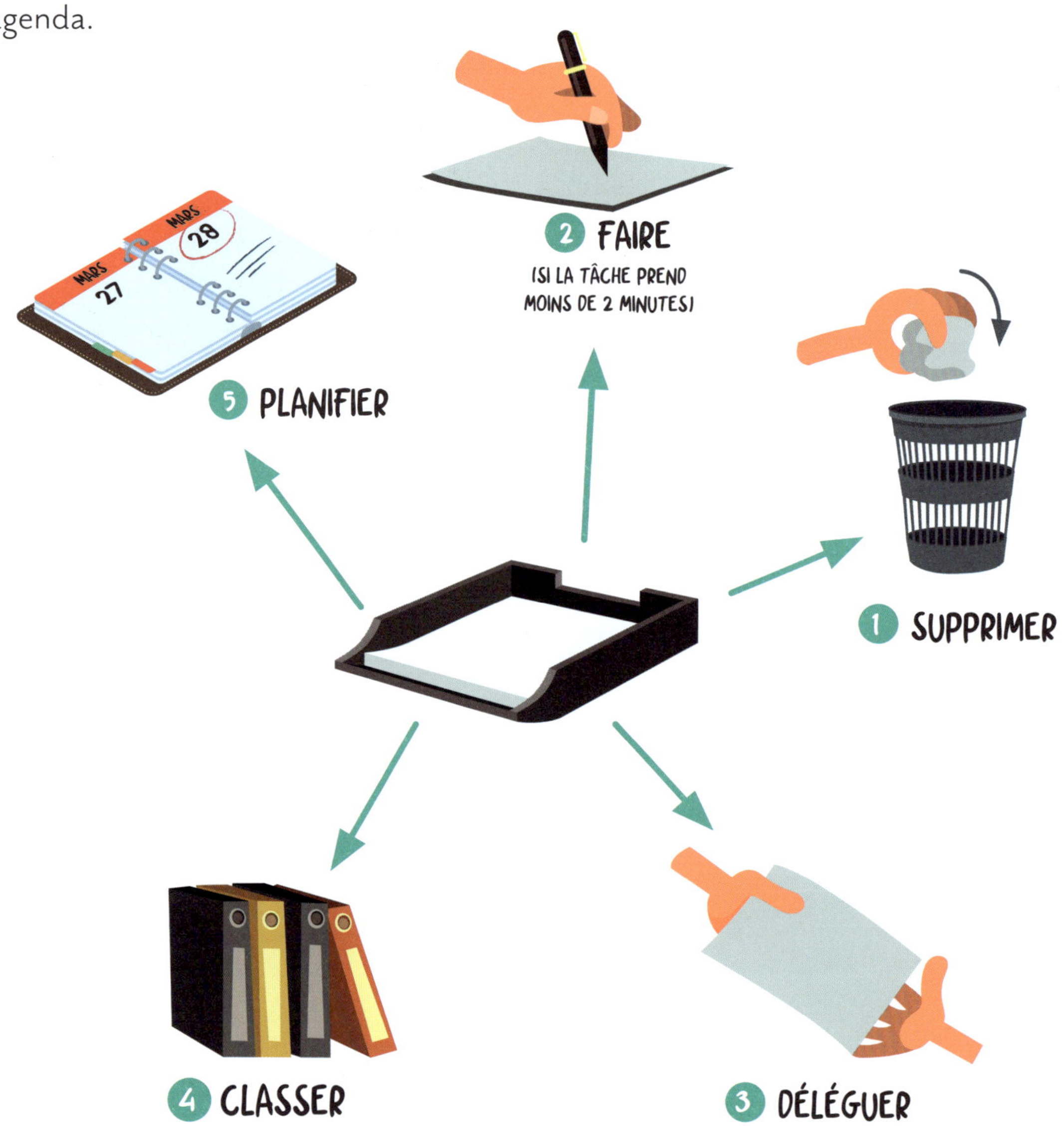

HABITUDE N° 5 : L'ACTION EFFICACE

Quand vous accomplissez vos tâches, essayez de les faire :

Pendant des blocs de temps ininterrompus

Il a été prouvé[77] que la moindre interruption dans une tâche augmente significativement le temps qu'il faut pour l'accomplir.

Chaque interruption (e-mail, notification Skype, appel téléphonique) va venir briser votre concentration et il faudra 64 secondes à votre cerveau pour reprendre le fil de ses pensées[78]. Lorsque vous avez prévu de vous attaquer à une tâche, il est donc recommandé de couper toutes les sources de distraction.

En vous concentrant exclusivement sur cette unique tâche

De nombreuses études montrent qu'être multitâche est totalement inefficace. Une étude menée par David Meyer, un docteur en psychologie du Michigan, indique même que la productivité peut être réduite de 40 %[79] !

En commençant par vos TPI

Il s'agit de simple bon sens : en commençant par vos TPI, vous vous assurez que vous faites d'abord les tâches les plus importantes de votre journée. Il n'y a rien de tel que le sentiment de satisfaction et de sérénité qui vous étreindra à ce moment-là alors même que votre journée vient juste de commencer.

Cas pratique : la création de votre entreprise

Imaginons que vous devez travailler sur votre dossier de création d'une entreprise. Il vous faut quelques minutes pour que votre cerveau récupère toutes les informations de votre mémoire à long terme, les charge dans votre mémoire de travail et pour que vous soyez pleinement concentré sur votre travail.

Ensuite, chaque interruption (mail, téléphone, notification, etc.) va briser cette concentration. 64 secondes sont alors nécessaires pour vous reconcentrer.

Si sur une heure de travail vous recevez trois appels de 2 minutes, cinq SMS et trois notifications sur Skype, vous perdez en fait 3 x 64 + 3 x 2 x 60 + 8 x 64 + 1 x 5 x 60 secondes (pour la période de préchauffage initiale), soit près de **23 minutes en tout**, sans compter le temps nécessaire pour lire les SMS et consulter les notifications.

Vous n'aurez donc été productif que 37 minutes en une heure.

Si vous aviez mis votre téléphone en mode avion et fermé Skype, vous auriez presque doublé votre productivité.

En regroupant si possible vos tâches

Comme votre cerveau a besoin d'un temps de « chauffe » pour se mettre en route, il est logique de regrouper entre elles les tâches similaires. C'est particulièrement vrai pour les tâches qui prennent peu de temps mais peuvent venir interrompre votre concentration comme les e-mails et les appels téléphoniques, la veille numérique (Twitter, Instagram, Facebook, etc.).

SE CRÉER UN ENVIRONNEMENT MINIMALISTE

Éliminer les distractions, c'est bien, mais il ne faut pas oublier les distractions visuelles.

Pour augmenter votre productivité et préserver votre réserve de volonté, mettez en place un environnement de travail avec un minimum de distractions.

✓ Règle n° 1 :

Sur votre bureau n'ayez dans votre champ de vision que votre écran, votre clavier et un miroir[80].

✓ Règle n° 2 :

Votre écran virtuel doit être tout aussi sobre. Il ne s'agit pas d'un répertoire temporaire bourré de documents. N'y mettez que les documents et les applis dont vous vous servez quotidiennement. Sans oublier, bien sûr, votre fichier « to do ».

En plus d'augmenter votre productivité, un tel environnement vous fera vous sentir mieux !

LE CASQUE ANTI-BRUIT

MON ARME SECRÈTE

C'est mon arme secrète à la fois pour apprendre plus efficacement et pour être plus productif : j'utilise un casque à réduction de bruit pour m'isoler du monde extérieur. J'ai une préférence personnelle pour les casques de Bose : ces petites merveilles de technologie ne sont pas données, mais elles sont incroyablement efficaces pour nous couper du monde extérieur.

Chapitre 5

APPRENDRE À APPRENDRE

« APPRENDRE EST TROP IMPORTANT POUR ÊTRE CONFIÉ UNIQUEMENT À L'ÉCOLE. APPRENDRE À APPRENDRE EST UNE COMPÉTENCE QUE VOUS POUVEZ MAÎTRISER PERSONNELLEMENT.

– Terry Sejnowski,
chercheur en neurosciences »

BIEN DORMIR

Cela ressemble au conseil que pourrait vous donner votre grand-mère, et pourtant c'est la plus **fondamentale des méthodes** pour bien apprendre.

Bien dormir est **fondamental** pour :

- ✓ avoir suffisamment de concentration quand vous êtes réveillé pour apprendre efficacement ;
- ✓ consolider votre mémoire pendant votre sommeil[81] ;
- ✓ juste apprendre de manière plus efficace[82].

POURQUOI EST-CE FONDAMENTAL ?

D'après les recherches actuelles, nous avons tous besoin de dormir car il nous faut éliminer les toxines que produit notre cerveau lorsque nous sommes éveillés[83]. C'est cette accumulation de toxines qui explique pourquoi nos performances intellectuelles diminuent fortement lorsque nous manquons de sommeil.

Pourtant, nous sommes très nombreux à négliger l'importance d'une bonne nuit.

QUELS SONT LES VRAIS EFFETS DU MANQUE DE SOMMEIL ?

Dans une première étude[84], les chercheurs ont réparti les volontaires en quatre groupes. Chaque groupe allait dormir le même nombre d'heures pendant 7 jours : respectivement **3, 5, 7 et 9 heures**. Puis les chercheurs ont mesuré régulièrement leurs performances, notamment la vitesse pour résoudre les tâches psychomotrices.

Résultats

- Dans le **groupe de 3 heures**, la vitesse de résolution des tâches a décliné et leur temps de réaction a augmenté.
- Dans le **groupe de 5 heures**, la vitesse a également décliné, le temps de réaction a augmenté pendant les premiers jours puis s'est stabilisé à un niveau inférieur à celui de départ.
- Dans le **groupe de 7 heures**, la vitesse a décliné avant de se stabiliser. Le temps de réaction n'a pas bougé.
- Dans le **groupe de 9 heures**, les volontaires n'ont souffert d'aucune dégradation de leurs performances.

Puis les participants ont eu trois jours de récupération durant lesquels ils ont dormi 8 heures par nuit.

Résultats

- Ceux qui avaient dormi **3 heures** ont rapidement récupéré mais à un niveau égal à ceux qui dormaient **5 heures**.
- Ceux qui avaient dormi **5** et **7 heures** sont restés à leur niveau de performance dégradée.
- Les performances de ceux qui avaient dormi **9 heures** sont restées au top.

Cette étude nous enseigne que si le cerveau est capable de s'adapter au manque de sommeil, cela s'accompagne d'une baisse des performances.

Une deuxième étude[85] compare les performances de groupes dormant **4, 6 et 8 heures** pendant 14 jours à celles d'un groupe privé de sommeil pendant 72 heures.

Résultats

- Dormir **6 heures par nuit pendant 14 jours est l'équivalent d'une nuit blanche et dormir 4 heures, l'équivalent de deux nuits blanches.** Seuls ceux qui ont dormi 8 heures n'ont pas vu leurs performances impactées.

COMBIEN D'HEURES FAUT-IL DORMIR POUR ÊTRE AU TOP ?

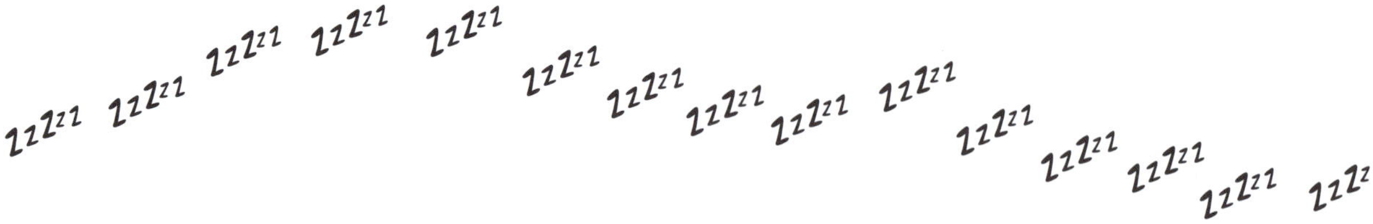

Ces deux études montrent qu'il faudrait dormir 8 heures par nuit pour être au top de ses capacités.

Seulement 5 % de la population peut dormir 5 heures par nuit et garder les mêmes performances[88]. Donc, si vous pensez avoir besoin de moins de 8 heures de sommeil par nuit, vous vous trompez très probablement.

La plupart des gens ne se rendent même pas compte des effets du manque de sommeil. Je veux dire, avez-vous déjà vu des gens ivres qui n'avaient absolument pas conscience qu'ils l'étaient, ou au moins qui n'avaient pas conscience de l'effet de l'alcool sur leurs performances mentales et physiques ? Pour le sommeil, c'est la même chose : la plupart des gens ne se rendent pas compte de l'effet destructeur du manque de sommeil chez eux.

Le seul moyen de savoir si vous êtes un des heureux gagnants de la loterie génétique qui peuvent dormir moins de 5 heures par nuit, c'est de tester vos réactions et vos performances.

LES SIESTES

Selon certaines recherches, dont une financée par la NASA[89] et destinée à aider les astronautes à mieux se surpasser dans l'espace, une sieste de 15 à 20 minutes en milieu de journée renforce la mémoire de travail et vous aide à être plus performant.

Dormir plus longtemps peut en revanche être très contre-productif, et vous donner l'impression d'avoir encore moins d'énergie. Il vaut donc mieux mettre un réveil[90].

Parfois, votre environnement de travail ne vous permet pas de faire des siestes. C'est peut-être un signe qu'il faut quitter l'entreprise et devenir votre propre patron pour être libre de l'environnement dans lequel vous évoluerez ! Sinon, c'est l'occasion de tester la micro-sieste de 5 minutes, tranquillement calé dans son siège de bureau.

COMMENT FAIRE LA SIESTE ?

Si vous n'avez jamais fait la sieste, il va vous sembler bizarre de vous allonger ainsi en milieu de journée. Vous aurez sans doute du mal à vous endormir. Ce n'est pas grave, et surtout, on s'en moque. L'essentiel n'est pas tant de dormir que de fermer les yeux pour se reposer. Le but de la sieste est de vous retrouver au calme.

LES 7 MOYENS DE DORMIR COMME UN BÉBÉ

Tout cela est formidable, mais comment dormir mieux et, surtout, comment s'endormir vite ?

1. La température

Les recherches[91] montrent que la température idéale pour bien dormir se situe entre 15 et 19 °C.

2. La lumière

Réduisez la lumière une à deux heures avant de dormir. La lumière est l'un des stimuli principaux que le cerveau utilise pour savoir s'il est temps de vous endormir[92]. Optez aussi pour des volets plutôt que pour des rideaux afin d'avoir l'obscurité la plus complète. Évitez aussi de regarder vos écrans (télé, smartphone, tablette, etc.) une heure avant de dormir.

3. Le son

Ça parait évident, mais c'est toujours bien de le rappeler : les sons peuvent grandement perturber votre sommeil[93]. Même s'ils ne vous réveillent pas, ils peuvent réduire la qualité de votre sommeil en perturbant les cycles et en le rendant moins réparateur.
Le mieux, c'est d'utiliser des bouchons d'oreille[94].

4. L'exercice physique

C'est depuis peu de temps que nous, êtres humains, passons la majeure partie de nos journées assis. Notre corps est pourtant programmé pour une certaine dépense d'énergie par jour et un manque d'exercice physique entrave notre capacité à nous endormir[95].

Alors, même au-delà des séances de sport, n'hésitez pas à saisir toute occasion de vous dépenser.

5. Le carnet de notes

Rien n'est plus agaçant que d'avoir des difficultés à s'endormir. La plupart du temps notre esprit est trop occupé à passer en revue les choses qu'il nous reste à faire.

Une manière simple de contrecarrer ces réflexes est de tout noter sur un carnet, car en confiant nos pensées à un système dans lequel nous avons confiance, notre cerveau n'a plus besoin de s'en préoccuper.

6. Ça marchera peut-être pour vous !

J'ai une petite astuce perso quand je n'arrive pas à m'endormir. Je me lève, sors de la chambre et vais faire quatre séries de pompes.

Vous pouvez aussi trouver votre propre exercice. Et je me permets de vous rappeler ici que l'orgasme est sans doute le meilleur moyen d'arriver à l'endormissement. Faites donc l'amour !

7. Faites de votre chambre un sanctuaire

Votre chambre doit servir à dormir, faire l'amour et lire des romans. Point.

COMMENT DOUBLER VOTRE PERFORMANCE D'APPRENTISSAGE

LA MÉTHODE DES RAPPELS

Voici une expérience fascinante. En 2011[96], des étudiants volontaires ont été chargés de lire un texte de 276 mots sur les loutres de mer dans le but d'apprendre et de retenir des données scientifiques sur ces animaux. Ils ont été séparés en quatre groupes avec quatre méthodes différentes :

- ✓ Le groupe 1 a juste lu le texte 5 minutes.
- ✓ Le groupe 2 a lu le texte quatre fois 5 minutes, avec une minute de pause entre chaque session.
- ✓ Le groupe 3 a passé 25 minutes après la lecture initiale à créer une *Mind map*, aussi appelée carte heuristique, du texte.
- ✓ Le groupe 4 a passé 10 minutes après la lecture initiale à écrire toutes les informations qu'ils se rappelaient.

Puis ils ont relu le texte pendant 5 minutes, et ont à nouveau listé toutes les informations dont ils se souvenaient.

Résultats

- Le groupe 1 a, sans surprise, le moins réussi avec 27 % de bonnes réponses.
- Le groupe 3 vient ensuite avec 45 % de bonnes réponses.
- Le groupe 2 a obtenu 49 %.
- Et enfin, le meilleur score pour le groupe 4, avec 67 %

La meilleure technique pour apprendre efficacement est de vous rappeler par écrit et à intervalles réguliers ce que vous avez appris en consultant parfois le texte original.

Cette méthode des rappels conjuguée avec celle de la répétition espacée est un moyen efficace de lutter contre la courbe de l'oubli.

COMMENT CHANGER VOTRE VIE EN 30 SECONDES

- ✓ À la fin d'une conférence ou de n'importe quel cours auquel vous avez assisté, prenez 30 secondes pour noter tout ce que vous avez appris[97].
- ✓ Même si vous avez pris des notes tout du long, cet exercice final est nécessaire. Si vous faites de cette méthode une habitude, vous allez développer une compétence extraordinaire : la capacité à choisir et à vous souvenir de l'essentiel[98] !

5 MINUTES PAR JOUR

Quand vous apprenez quelque chose, il vaut souvent mieux apprendre un peu régulièrement que faire des sessions intensives espacées[99]. Quand vous apprenez la guitare par exemple, mieux vaut pratiquer 5 minutes tous les jours qu'une heure d'affilée une fois par semaine.

L'ART DE VOUS CHALLENGER

C'est en relevant régulièrement des défis que vous progressez, plutôt que de rester dans votre zone de confort, chaussé de vos pantoufles en ciment, à ne faire que des choses que vous maîtrisez déjà.

Quand vous pratiquez quelque chose, demandez-vous : êtes-vous en train d'apprendre quelque chose de nouveau, qui vous challenge, ou êtes-vous juste en train de refaire quelque chose que vous avez fait des centaines de fois et qui ne vous apprend rien de fondamental ?

MES DÉFIS

Entre deux séances de travail, j'aime bien faire un peu de guitare. C'est agréable et ça me détend. Cependant, si je veux progresser, je ne peux me contenter de jouer les mêmes morceaux que je connais par cœur, je dois en apprendre de nouveaux.
Je me lance donc des défis, comme des passages un peu techniques à jouer rapidement, ou une nouvelle rythmique.

ENSEIGNER

L'une des meilleures manières d'apprendre plus vite une discipline est de l'enseigner, tout simplement. Et vous n'avez pas besoin de devenir LE maître de la discipline. Un an de pratique ne vous autorise-t-il pas à donner quelques conseils de base ?

Le fait d'enseigner vous force à structurer votre savoir, à le présenter dans un certain ordre et à réduire les zones d'ombre que vous pourriez avoir.

Après un peu de pratique, essayez d'expliquer à des grands débutants ce que vous faites, de manière à ce qu'ils comprennent même s'ils n'ont jamais pratiqué. Vous pouvez solliciter votre mère, votre grand-mère ou vos amis.

Lorsque je me suis mis à bloguer, j'ai fait profiter mes amis de mes connaissances en la matière. J'étais loin d'imaginer que je l'enseignerais plus tard en tant que professionnel.

LE HACK ULTIME : CRÉER UN BLOG

Le plus simple pour faire partager ce que vous apprenez est de créer un blog, ou une chaîne YouTube, ou un podcast.

Et assumez dès le départ le fait que vous êtes un débutant. C'est assez simple : en démarrant une nouvelle activité, vous allez forcément rencontrer des difficultés. Difficultés que rencontrent forcément d'autres débutants. Parlez-en avec eux et partagez vos solutions !

Le simple fait de partager votre travail avec une audience va vous permettre d'apprendre plus vite.

Votre cerveau va se mettre en mode « moteur de recherche » de sujets pour produire vos contenus.

Vous serez aussi plus attentif aux problèmes que vous allez rencontrer et aux écueils rencontrés par d'autres.

Plus attentif à ce que vos profs vous enseignent et à la manière dont ils font les choses.

Et en écrivant des articles, vous allez être obligé de structurer votre pensée. L'écriture est comme un vélo pour l'esprit.

Votre communauté va grandir et grâce à ses questions et ses interventions vous allez progresser beaucoup plus vite.

Par ailleurs, un blog est aussi un moyen très intéressant d'interviewer des experts, dont le savoir vous sera d'une grande aide.

SUCCÈS À MÉDITER

L'un de mes élèves, Laurent Breillat, a démarré son blog « Apprendre la photo » en suivant exactement cette méthode. Il était débutant et sa devise était « Ensemble et pas à pas ».

Cinq ans plus tard, son blog est devenu, avec son quart de millions de visites, l'un des blogs français les plus visités sur le sujet. Laurent, en plus d'accélérer drastiquement son apprentissage, est devenu une star du secteur.

Même si vous n'arrivez pas à reproduire le succès de Laurent, vous aurez dans tous les cas énormément progressé dans votre travail et dans vos objectifs. Qu'avez-vous à perdre ?

Chapitre 6

COMMENT APPRENDRE TOUT CE QUE VOUS VOULEZ, OÙ ET QUAND VOUS VOULEZ

« L'ÉDUCATION FORMELLE VOUS AIDERA À VOUS FAIRE UNE VIE. L'AUTO-ÉDUCATION VOUS AIDERA À FAIRE FORTUNE. »

– Jim Rohn

LA MEILLEURE FORMATION AU MONDE

Comme nous l'avons vu, le système éducatif occidental souffre de nombreux défauts, c'est pour ça que le rebelle intelligent ne peut se satisfaire de l'éducation de base.

Je n'ai, pour ma part, aucun diplôme et tout ce que j'ai appris pour avancer dans la vie et monter mon business provient de plusieurs sources :

- ✓ Le terrain (ce que j'appelle « l'école de la vie »)
- ✓ Les livres et autres supports de lecture
- ✓ Les formations annexes (formation professionnelle, cours du soir au CNAM)
- ✓ Les discussions avec les autres

LA SOIF D'APPRENDRE

Je suis un autodidacte, je me caractérise donc par une soif d'apprendre intense et viscérale. Je suis très curieux et j'ai toujours envie de comprendre davantage.

Apprendre pour développer sa sagesse et la pertinence du regard que l'on pose sur le monde me semble en effet un des buts les plus nobles que l'homme puisse se donner.

J'ai une profonde admiration pour les professeurs passionnants, les scientifiques géniaux et les entrepreneurs innovants.

CRÉER MON ENTREPRISE

Lorsque j'ai arrêté l'école à 18 ans, j'étais un jeune lycéen sans repères, j'avais peu d'amis, pas de copine et je vivais chez mes parents. Je ne savais rien du monde qui m'entourait.

Un an plus tard, je créais mon entreprise. Naïf et inexpérimenté, j'avais quitté mes parents, travaillé deux mois en tant que serveur et j'avais une copine et un peu plus d'amis.

J'ai travaillé un an sur ce projet, constitué un épais dossier, lu les livres que l'on m'avait recommandés, rencontré des gens passionnants qui m'ont servi de mentors.

Les meilleures formations sont les rêves les plus fous que l'on met en pratique.

CITATION À MÉDITER

« L'auto-éducation est, je le crois sincèrement, la seule forme d'éducation qui soit. »

Isaac Asimov

LES MEILLEURS PROFESSEURS DU MONDE

Un professeur génial qui surpasse tous les autres reste un atout considérable. Imaginez qu'il puisse y avoir une liste des meilleurs professeurs du pays disponible en un clic sur Internet ? Est-ce qu'on ne pourrait pas se passer d'aller à l'école ?

Regarder une vidéo n'est pas tout à fait la même chose que de suivre un cours, surtout si l'on ne peut pas poser de questions, mais il est tout à fait possible d'envisager des applications innovantes qui encadrent des cours donnés par les meilleurs professeurs du monde.

Voici comment elles pourraient se déployer :

- Un suivi automatique des exercices
- Une gamification à la Duolingo, avec une compétition quotidienne et un partage avec vos amis Facebook
- Des forums de discussion
- Un système de notation pour repérer facilement les meilleurs profs
- Une option payante pour être suivi par un prof en particulier
- Une validation par un examen

Ce serait une ressource inespérée pour les rebelles intelligents. Elle n'existe pas encore mais on y arrive progressivement : les universités prestigieuses mettent leurs cours en ligne et les formations sur Internet poussent comme des champignons.

Les avantages des cours en vidéo

Saviez-vous que les gens parlent à une vitesse de 150 à 200 mots par minute ? Et que le cerveau est capable de traiter bien plus d'informations ?

Par exemple, la vitesse de lecture des gens est de 300 mots par minute en moyenne[98]. Je lis moi-même 450 mots par minute.

Tous les lecteurs de vidéos modernes[99] permettent d'accélérer les vidéos et la vitesse de parole. Commencez par augmenter de 1,25, presque tout le monde peut écouter une vidéo à cette vitesse. Puis augmentez à 1,5. Et essayez de doubler le débit ?

Doubler la vitesse ne convient pas à tout le monde, mais vous pourrez suivre un cours de 60 minutes en seulement une demi-heure !

L'IMPORTANCE DE LIRE DES LIVRES POUR S'AUTO-ÉDUQUER

États-Unis, mars 2005. Un scandale ébranle la vénérable université de Harvard : des candidats à un prestigieux MBA ont tiré parti d'une faille dans le système informatique afin de savoir en avance s'ils ont été acceptés ou pas. Choquée par une telle attitude, l'université a annulé leur admission.

Pour Seth Goldin, auteur d'une dizaine de best-sellers, c'est la meilleure chose qui aurait pu leur arriver. Pour lui, en lisant 30 ou 40 livres triés sur le volet, on utilise bien mieux son temps et son argent qu'en faisant un MBA.

Le message est d'autant plus fort que Seth Godin est lui-même titulaire d'un MBA de la prestigieuse université de Stanford. L'idée était lancée, aussitôt reprise par des dizaines de blogs et de journaux qui publièrent des listes des 30 meilleurs livres se substituant à un MBA. Ces articles motivèrent sans doute de nombreuses personnes à lire des livres qu'elles n'auraient jamais lus. Puis ils disparurent dans les archives des sites et furent à peu près complètement oubliés. Mais une personne lut l'article de Seth Godin et eut une idée géniale. Une idée qui allait transformer la vie de millions de personnes...

LE PERSONAL MBA

C'est ainsi que Josh Kaufman, cadre chez Procter and Gamble, a créé le Personal MBA, une sélection des meilleurs livres de business du monde[100].

Au moment où j'écris ces lignes, la liste comporte 99 livres et 26 catégories qui couvrent tous les domaines, de comment gérer une entreprise à comment tester son marché, en passant par le leadership et les dépenses personnelles.

Le site personalmba.com a été visité par deux millions de personnes. La plupart des livres sont en anglais, mais ce sera un très bon entraînement, non ? Sinon, vous pouvez consulter les résumés en français que j'ai fait d'une grande partie des livres du Personal MBA sur mon site Des livres pour changer de vie.

LIBRAIRIE
PERSONAL MBA

CETTE ERREUR MONUMENTALE QUE VOUS DEVEZ ÉVITER

Cela fait vingt ans que je suis entrepreneur, et pendant plus d'un tiers de ma carrière, j'ai fait une erreur monumentale : ne pas lire de livres.

Oh bien sûr, j'adore lire. Seulement, je ne lisais que des romans. J'étais tellement fier d'avoir monté mon business à 19 ans que je me croyais trop intelligent pour avoir besoin d'apprendre. Heureusement, après quelques années, j'ai compris que je pouvais me servir de ma curiosité intellectuelle pour apprendre de nouvelles connaissances. Six ans après la création de mon entreprise, je me suis inscrit aux cours du soir du CNAM. C'est très bien pour ceux qui veulent compléter leur diplôme. Mais pour être honnête, j'ai bien plus appris sur le marketing en lisant des livres. Grâce à ces lectures, j'ai réussi à rééquilibrer ma vie personnelle et ma vie professionnelle et j'ai multiplié par plus de 10 mon revenu horaire.

LES LIVRES QUI ONT RÉVOLUTIONNÉ MA MANIÈRE DE VOIR L'ENTREPRENEURIAT

L'illumination est venue quand j'ai lu *La semaine de 4 heures* de Tim Ferriss. J'ai ensuite lu *E-myth : le mythe de l'entrepreneur revisité* de Michael Gerber, qui m'a aussi révélé l'erreur dans laquelle je m'étais enfermé. Je me suis aussitôt mis en quête des meilleurs livres de business. Ces livres ne sont pas des méthodes miracles : l'essentiel n'est pas de les lire, il faut qu'ils vous donnent la motivation pour agir !

COMMENT ELON MUSK S'EST FORMÉ À LA CONSTRUCTION DE FUSÉES SPATIALES… AVEC DES LIVRES

« Les livres sont juste un autre moyen – et sans doute plus efficace que les études – de télécharger des informations dans son cerveau. »

Elon Musk est l'exemple même de l'entrepreneur rock'n'roll qui semble écraser les autres par son ambition et son succès.

Il a créé PayPal et a gagné 180 millions de dollars lorsque la société a été vendue à eBay.
Au lieu de dépenser son argent en jet-settant dans le monde entier, il a créé trois entreprises :

- Tesla (automobile)
- SolarCity (énergie)
- SpaceX (aérospatial)

SpaceX a été une des premières entreprises privées à mettre un satellite en orbite autour de la Terre. Et surtout l'entreprise a réussi le pari de réduire par trois le coût des lancements dans un secteur où l'innovation stagne depuis des années.

Comment s'y est-il pris pour monter une entreprise dans un secteur aussi complexe ? Simple, il est devenu l'un des plus grands experts mondiaux en fusées.

Comment ? Simple, en lisant des dizaines de livres sur le sujet[101].

C'EST LE JOUR ET LA NUIT

Considérez ceci : si vous lisez ne serait-ce que deux livres pratiques par mois, cela fait 24 livres par an. Au bout de dix ans, vous aurez lu 240 livres. Imaginez la différence que cela ferait dans vos connaissances, votre horizon intellectuel, les outils que vous maîtriseriez, votre capacité de raisonnement et de discussion, et dans votre vie même par rapport à… vous-même, si vous vous étiez contenté de regarder la télé.

UNE ASTUCE 80/20 POUR VRAIMENT TIRER QUELQUE CHOSE DES LIVRES

Lire, c'est bien, en tirer quelque chose de concret, c'est mieux !

Si vous n'appliquez pas ce que vous apprenez dans les livres, il vous sera difficile de transformer ce savoir en quelque chose qui compte vraiment : des compétences pratiques pour une vie meilleure.

Voici une astuce 80/20 pour augmenter votre taux d'application des livres géniaux que vous allez lire.

Mon conseil le voici : prenez des notes !

Pas très original, n'est-ce pas ?

Oui, mais attention, il ne s'agit pas de prendre des notes n'importe comment.

Comment prendre des notes ?

Vous allez prendre des notes en vous focalisant sur vos actions.

Allumez votre radar à actions concrètes. Les grandes idées et les actions inapplicables ne doivent pas figurer dans vos notes. **Choisissez une action que vous allez mettre en pratique dans les 48 heures.**

N'importe quel livre va contenir une action 80/20 que vous pourrez incorporer dans votre vie quotidienne sans effort. Si vous ne la trouvez pas, n'importe quelle action que vous pourrez mettre en œuvre vite et concrètement fera l'affaire.

Parfois vous mettez en place certaines actions et vous vous rendez compte qu'elles n'ont pas l'effet escompté.

Vous n'avez peut-être pas bien appliqué le conseil de l'auteur.

En l'absence de son feed-back, vous pouvez relire le passage avec plus d'attention. Ou alors trouver quelqu'un de plus expérimenté que vous qui a déjà approuvé cette technique. Vous pouvez essayer de persévérer pendant plusieurs jours. Vous pouvez aussi tenter de contacter l'auteur. Et si rien de ça ne marche, passez à autre chose.

Peut-être que le conseil n'est pas pertinent pour vous mais pour les autres.

Peut-être que le conseil n'est pas pertinent du tout.

CITATION À MÉDITER

« Il y a un gouffre bien moindre entre l'ignorance et le savoir qu'entre le savoir et l'action. »

Chris Guillebeau

APPRENEZ À TIRER PARTI DE LA RÉVOLUTION DES MOOC

Profitez de cette incroyable facilité d'accès aux meilleurs cerveaux du monde que vous offre Internet pour dénicher des experts sur lesquels vous n'auriez jamais pu tomber dans le cursus classique.

C'est un peu la même démarche que de trouver des profs géniaux qui enseignent dans une école à l'autre bout de la planète, en fait : vous ne seriez jamais tombé dessus avant Internet.

Ce qui nous amène à la révolution des MOOC.

« La révolution des quoi ?! »

Oups, désolé, j'ai oublié de préciser. Rassurez-vous, un MOOC n'est pas une nouvelle famille de drogues pour vous rendre plus intelligent, ou le prototype d'une nouvelle navette spatiale. **Un MOOC est un Massive Open Online Course** – Cours en Ligne Ouvert et Massif, ou C LOM en bon français.

Pourquoi en ligne, ouvert et massif ?

Tout simplement parce qu'il s'agit de cours donnés sur Internet (donc en ligne), qu'ils sont ouverts à tous ceux qui sont intéressés (mais pas forcément toujours gratuits) et que certains cours ont été suivis (au moins partiellement) par plus de 100 000 étudiants (d'où le massif).

Les MOOC les plus connus

- La Khan Academy[102], avec des milliers de cours en anglais dans des dizaines de catégories différentes.
- iTunes U, sur lequel les grandes écoles publient leurs cours.
- Coursera ou « Suivez les meilleurs cours du monde, en ligne, gratuitement ».
- Brilliant qui gamifie l'apprentissage des maths et de la science.
- Udacity. Cette plateforme propose des cours concrets directement utilisables en entreprise.
- NoRedink qui vous permet d'améliorer votre grammaire et votre orthographe en anglais.

VOTRE TEST FINAL DES 30 JOURS

N'ayez pas peur si l'une de vos actions concrètes vous paraît un peu ambitieuse.

Vous allez pouvoir la tester dans une **période limitée de 30 jours.**
Pour voir, par exemple, si elle vous apporte quelque chose ou non.
Cette période de test a de nombreux avantages, à commencer par le fait que cela rend la chose moins difficile.

Mais si vous instaurez ce test de 30 jours, faites-le bien !

Cette période de 30 jours ne s'arrête pas aux actions lues dans les livres mais aussi à plein d'autres actions qui jalonnent votre existence :

- ✓ Arrêter de regarder la télé.
- ✓ Rencontrer une nouvelle personne par jour.
- ✓ Sortir tous les soirs pour faire une chose différente.
- ✓ Mettre chaque jour en vente sur eBay une chose que vous n'utilisez plus.
- ✓ Se lever tôt.
- ✓ Faire une longue promenade.

Les possibilités sont vraiment infinies !

CITATION À MÉDITER

« La puissance du test des 30 jours réside dans sa simplicité. »
Steve Pavlina

FAUT-IL DONC QUE VOUS QUITTIEZ L'ÉCOLE ?

Après tout cela, est-ce que je vous encourage à quitter l'école ?

Pas vraiment. Le sujet de ce livre est d'aider les rebelles intelligents comme vous à créer leur entreprise en minimisant les risques et par la même occasion à acquérir une éducation de classe mondiale que vous développerez tout au long de votre vie.

Le sujet de ce livre est d'être audacieux sans être stupide.

Pour minimiser les risques, il vous faut une stratégie concrète et, comme le succès n'est jamais assuré, faire en sorte d'avoir un plan B.

Le plan B le plus facile à mettre en œuvre est tout simplement de vous assurer de votre capacité à continuer vos études ou à retrouver un emploi sans problème. Et pour cela, il vaut mieux avoir le bac.

Si vous avez l'esprit assez souple et aventureux, peut-être pouvez-vous vous en passer, comme moi je m'en suis passé, mais tout le monde n'y trouvera pas son compte.

LE MOT DE LA FIN

Vous savez à présent qu'il est très important :

1. D'apprendre en dehors du système scolaire quand vous êtes encore dedans.

2. De continuer à apprendre par vous-même tout au long de votre vie quand vous en êtes sorti.

ENCORE UN PETIT MOT !

L'AVENTURE DES REBELLES INTELLIGENTS NE S'ARRÊTE PAS ICI !
UN TOME 2 ARRIVE BIENTÔT POUR VOUS AIDER À CRÉER VOTRE ENTREPRISE ET DEVENIR LIBRE !

RÉFÉRENCES

Trois principes incontournables pour les rebelles intelligents

p. 16

1. « Compliance to Requests Made by Gazing and Touching Experimenters in Field Settings » Kleinke C. L., Journal of Experimental Social Psychology, 1977.
2. « Touch, Awareness of Touch, and Compliance with a Request », Guéguen N., Perceptual and Motor Skills, 2002.

p. 17

3. « Courtship Compliance: The Effect of Touch on Women's Behavior », Guéguen N., Social Influence, 2007.
4. Même étude.
5. « Another Evaluation of Touch and Helping Behavior », Guéguen N. et al., Psychological Reports, 2003.
6. « The Effect of Touch on Tipping: an Evaluation in a French Bar », Guégen N. et al., International Journal of Hospitality Management, 2005.

p. 20

7. Parmi d'autres noms plus évocateurs, comme « la loi des rares principes vitaux » ou « le principe de la pénurie de facteurs ». Un peu plus compliqué que « la loi du 80/20 ».

Du lycéen boutonneux au chef d'entreprise libre et heureux

p. 26

8. Traduit depuis sous le titre *E-myth : le mythe de l'entrepreneur revisité. Pourquoi la plupart des petites entreprises échouent et que faire pour réussir*, par mon éditeur, les éditions Leduc.s (2017).

p. 28

9. https://des-livres-pour-changer-de-vie.com, https://blogueur-pro.net, http://www.habitudes-zen.net et https://devenez-meilleur.co.
10. https://www.youtube.com/c/OlivierRoland.

Chapitre 1 : Pourquoi l'enseignement classique n'est pas idéal pour le rebelle intelligent

p. 33

11. L'étude de 2018 pour la promotion de 2016 montre une amélioration, mais c'est tout de même un quart des jeunes employés qui indiquent avoir un boulot alimentaire.

p. 35

12. L'une des études les plus sérieuses sur le sujet, celle de Gallup : «Report: State of Global Workplace», 2017. Elle porte sur un nombre de participants largement plus élevé que les autres études sur le sujet : 155 000 employés dans 155 pays, rien que ça ! http://olivier-roland.com/state-global-workplace/
13. En baisse par rapport aux 9 % de personnes engagées en 2014. Ces chiffres sont de 10 % d'employés engagés et 17 % désengagés en Belgique, et 13 % et 12 % en Suisse. Les chiffres pour le Québec ne sont même pas donnés, et ceux du Canada sont agrégés aux chiffres des États-Unis !

p. 36

14. À ma connaissance. J'ai fait des recherches poussées aidé par quatre assistants de recherche, mais si vous connaissez des données en ce sens, n'hésitez pas à me les communiquer !
15. Traduction et reproduction de la courbe telle qu'elle est présentée dans son article « Play it Again: The Master Psychopharmacology Program as an Example of Interval Learning in Bite-Sized Portions », Stahl S. M. *et al.*, *CNS Spectrum*, 2010.
16. Voir son essai : *La mémoire*, 1885. Je reviens en détail sur son concept plus loin.
17. « Want to Remember Everything You'll ever Learn? Surrender to this Algorithm », Wolf G., *Wired Magazine*, 2008 : http://olivier-roland.com/remember-everything/.

p. 39

18. http://olivier-roland.com/eun-observatory/, qui a collecté et comparé les données provenant de 31 pays européens sur l'accès, l'utilisation, les compétences et les attitudes des étudiants et des professeurs en matière de TIC à l'école.

p. 42

19. Voir fiche « Anglais » sur Wikipédia.

p. 43

20. http://olivier-roland.com/commission-euro-cp/.
21. http://olivier-roland.com/horaires-par-cycle-au-college/.
22. Ce constat accablant, alors que tout le monde est d'accord pour dire que la maîtrise de l'anglais est vitale, montre bien les gros problèmes du système éducatif français, qui n'est pas capable de faire en sorte que la majorité maîtrise cette compétence basique.

p. 45

23. D'après le baromètre de la Banque de France : http://olivier-roland/banque-france-barometre-surendettement/.

p. 46

24. D'après le rapport 2012 du SPIVA (S&P Indices Versus Active Funds Scorecard), les fonds gérés activement dans toutes les catégories ont moins bien performé que leur fonds indiciel de référence, que ce soit sur une période d'un an, de trois ou de cinq ans, sauf dans les fonds à grande capitalisation (inaccessibles au commun des mortels) et pour les fonds gérant l'immobilier.

p. 47

25. Exchange-Traded Funds.

Chapitre 2 : Le système éducatif « moderne », conçu pour le XIXe siècle

p. 51

26. Tirés de *Êtes-vous assez intelligent pour travailler chez Google ?* de William Poundstone, JC Lattès, 2013.

p. 52

27. « Plaidoyer pour un enseignement moderne » : http://olivier-roland.com/plaidoyer-pour-un-enseignement-moderne/.

p. 53

28. Voir par exemple « Music Lessons Enhance IQ », Schellenberg E. G., *Psychological Science,* 2004, et « Short-Term Music Training Enhances Verbal Intelligence and Executive Function », Moreno S. *et al.*, *Psychological Science*, 2011.
29. Voir notes 44 à 48.

p. 56

30. Chiffres clés de l'UNEF en 2013 : http://olivier-roland.com/cout-la-vie-etudiante-2013/.

p. 57

31. Sur le fait que ces rendements sont calculés pour toute la vie, voir « Education at a Glance: OECD Indicators 2009 », p.53 : http://olivier-roland.com/oecd-indicators-2009.

p. 58

32. « La valeur des diplômes universitaires sur le marché du travail », Mircea Vultur, INRS : http://olivier-roland.com/eve-valeur-diplomes/.
33. « Une jeunesse en panne d'avenir », Christian Baudelot et Roger Establet dans *Une jeunesse difficile : portrait économique et social de la jeunesse française*, Éditions Rue d'Ulm, 2007.

p. 60

34. « Ne vous trompez pas : Pourquoi un MBA n'est pas rentable » : http://des-livres-pour-changer-de-vie.com/mba/.

Chapitre 3 : Hackez votre éducation

p. 65

35. « Improving Fluid Intelligence with Training on Working Memory », Susanne M. Jaeggi *et al.*, *Proceedings of the National Academy of Sciences of the United States of America*, 2009.
36. http://olivier-roland.com/iqmindware/.
37. http://olivier-roland/brain-workshop/.

p. 66

38. Parmi les nombreuses références, voir les multiples études réalisées par Harvard (http://olivier-roland.com/harvard-meditation/) et les résultats de vingt ans d'études par le ministère américain de la Santé (http://olivier-roland.com/tm-research-on-meditation/).
39. « A Randomized Controlled Trial of Compassion Cultivation Training: Effects on Mindfulness, Affect, and Emotion Regulation », Jazaieri H. *et al.*, *Motivation and Emotion*, 2014.

40. « Initial Results from a Study of the Effects of Meditation on Multitasking Performance », Levy D. M. *et al.*, Conference of Human Factors in Computing Systems, *Proceedings*, 2011.

41. « Effects of Mindfulness-based Cognitive Therapy on Neurophysiological Correlates of Performance Monitoring in Adult Attention-Deficit/Hyperactivity Disorder », Schoenberg P.L. *et al.*, *Clinical Neurophysiology*, 2014.

42. « Mindfulness Meditation Improves Cognition: Evidence of Brief Mental Training », Zeidan F. *et al.*, *Conscious Cognition*, 2010.

43. « Buddha's Brain: Neuroplasticity and Meditation », Davidson R. J. *et al.*, *IEEE Signal Processing Magazine*, 2008.

p. 68

44. « Fitness Effects on the Cognitive Function of Older Adults: A Meta-Analytic Study », Colcombe S. *et al.*, *Psychological Science*, 2004.

45. « Cardiovascular Fitness, Cortical Plasticity, and Aging », Colcombe S. et al., *Proceedings of the National Academy of Science*, 2004.

46. « Walking and Dementia in Physically Capable Elderly Men », Abbott R. D. *et al.*, *Journal of the American Medical Association*, 2004.

47. « Exercise and Time-Dependent Benefits to Learning and Memory », Berchtold N. C. *et al.*, *Neuroscience*, 2010.

48. Étude de la Leeds Metropolitan University en 2004 : http://olivier-roland.com/researchgate-jc-coulson/.

p. 69

49. « High-Intensity Circuit Training Using Body Weight: Maximum Results with Minimal Investment », Klika B. *et al.*, *ACSM's Health & Fitness Journal*, 2013.

p. 71

50. Par exemple : « Music Lessons Enhance IQ », Schellenberg E. G., *Psychological Science*, 2004, et « Short-Term Music Training Enhances Verbal Intelligence and Executive Function », Moreno S. *et al.*, *Psychological Science*, 2011.

p. 72

51. Image reproduite à partir de celle parue dans le magazine *Wired*, d'après les travaux de Piotr Wozniak, auteur du premier logiciel commercial d'apprentissage par répétition espacée, SuperMemo.
52. *The Psychology of Study*, Cecil Alec Mace, 1932.
53. « Studies in Retention », Spitzer H. F., *Journal of Educational Psychology*, 1939.

p. 74

54. Ainsi l'Eurobaromètre de la Commission européenne de 2012 classe la France parmi les derniers de l'Union européenne en ce qio concerne la maîtrise des langues étrangères.
55. Liste réalisée par les professeurs Louis-Jean et Alain Calvet.

p. 77

56. La plupart du temps. Il y a malheureusement des exceptions qu'il faut apprendre.

p. 79

57. C'est plus difficile si votre trajet quotidien se passe surtout dans le RER à Paris... Pourquoi ne pas vous faire une bonne révision sur Mosalingua plutôt ?

p. 84

58. Si vous êtes étudiant et vivez dans un studio de 9 m^2, prenez un lieu plus grand que vous connaissez bien, comme la maison de vos parents.
59. Car non seulement votre cerveau a évolué pour se rappeler très facilement les images, mais il est encore plus doué pour la mémoire spatiale. Un héritage du temps où il fallait connaître par cœur le terrain autour de nous pour aller chasser le mammouth.

p. 87

60. http://olivier-roland.com/ted/.
61. http://olivier-roland.com/futura-sciences/.

Chapitre 4 : Résister à la glace au chocolat et à la pizza aux trois fromages : comment booster votre volonté

p. 92

62. « The Social Brain: Mind, Language, and Society in Evolutionary Perspective », Dunbar R. I. M., *Annual Review of Anthropology*, 2003.

p. 93

63. « The Effects of Respiratory Sinus Arrhythmia Biofeedback on Heart Rate Variability and Posttraumatic Stress Disorder Symptoms: A Pilot Study », Zucker T. L. *et al.*, *Applied Psychophysiology and Biofeedback*, 2009.
64. « Longitudinal Gains in Self-Regulation from Regular Physical Exercise », Oaten M. *et al.*, *British Journal of Health Psychology*, 2006.

p. 97

65. J'en ai même profité pour lancer ce défi à ma communauté (http://olivier-roland.com/defi-01/), puis j'en ai donné le bilan en lançant le deuxième défi (et en mangeant le chocolat en direct !) : http://olivier-roland.com/defi-02/.

p. 99

66. « Goals as Excuses or Guides: The Liberating Effect of Perceived Goal Progress on Choice » : http://olivier-roland.com/goals-excuses-or-guides/.

p. 100

67. « Self-Awareness and Transgression in Children: Two Field Studies », Beaman A. L. *et al.*, *Journal of* Personality and Social Psychology, 1979.
68. Il a été prouvé que le fait de mettre un miroir dans un bureau augmente la productivité des cadres (*A Theory of Objective Self-Awareness*, Shelley Duval et Robert A. Wicklund, 1972). De même, si vous mangez devant un miroir, vous aller manger moins en moyenne que si vous mangiez sans miroir (« Healthy Reflections: The Influence of Mirror Induced Self-Awareness on Taste Perceptions », Jami A., *Journal of the Association for Consumer Research*, 2015).

p. 103

69. Voir l'interview que j'ai faite d'elle sur ma chaîne pour son histoire complète et tous ses trucs : http://olivier-roland.com/interview-kate-strong/.

p. 105

70. « Consider It Done! Plan Making Can Eliminate the Cognitive Effects of Unfulfilled Goals », Masicampo E. J. *et al.*, *Journal of Personality and Social Psychology*, 2011.
71. *Ibid.*

p. 106

72. http://olivier-roland.com/ztd.
73. Dont je fais traduire les articles en France sur https://habitudes-zen.net.
74. Malheureusement non traduit en français.

p. 110

75. *Priorité aux priorités*, Stephen Covey, First, 1995. L'auteur est surtout connu pour son livre *Les 7 habitudes de ceux qui réalisent tout ce qu'ils entreprennent*, First, 2005.

p. 111

76. Selon Peter Drucker, célèbre spécialiste et théoricien du management. Il est l'auteur, entre autres, de *The Effective Executive*, 2006. Vous pouvez certainement trouver une édition française d'occasion, mais le livre n'est plus disponible à ce jour en librairie : *L'efficacité, objectif numéro 1 des cadres*, Éditions d'Organisation, 1968.

p. 113

77. « The Cost of Interrupted Work: More Speed and Stress », Gloria Mark *et al.*, Proceedings of the SIGCHI Conference on Human Factors in Computing Systems, 2008.
78. Chiffres de l'Observatoire sur la responsabilité sociétale des entreprises (ORSE), cité dans l'article du *Monde* « Concentrez-vous ! », Belot L., 2011.

p. 114

79. « Multitasking: A Few Reasons Why Multitasking Reduces Productivity », Kendra Cherry, 2015 : http://olivier-roland.com/10-ways-psychology-can-help-you-live-a-better-life/.`

p. 116

80. Voir l'astuce à ce sujet p. 100.

Chapitre 5 : Apprendre à apprendre

p. 120

81. D'innombrables études le montrent, par exemple : « Sleep Enhances Category Learning », Djonlajic I. *et al.*, *Learning & Memory*, 2009, ou « Human Relational Memory Requires Time and Sleep », Ellenbogen J. M. *et al.*, *Proceedings of the National Academy of Sciences*, 2007.
82. « Memory Consolidation in Sleep: Dream or Reality », Vertes R. P., *Neuron*, 2004, ou « Sleep-Dependent Memory Processing », Walker M. P., *Harvard Review of Psychiatry*, 2008, par exemple.

p. 121

83. « Sleep Drives Metabolite Clearance from the Adult Brain », Xie L. *et al.*, *Science*, 2013.
84. « Patterns of Performance Degradation and Restoration during Sleep Restriction and Subsequent Recovery: A Sleep Dose-Response Study », Belenky G. *et al.*, *Journal of Sleep Research*, 2003.

p. 122

85. « The Cumulative Cost of Additional Wakefulness: Dose-Response Effects on Neurobehavioral Functions and Sleep Physiology from Chronic Sleep Restriction and Total Sleep Deprivation », Van Dongen H. P. *et al.*, *Sleep*, 2003.

p. 124

86. Selon l'étude déjà citée.

p. 125

87. « Dynamic Circadian Modulation in a Biomathematical Model for the Effects of Sleep and Sleep Loss on Waking Neurobehavioral Performance », McCauley P. *et al.*, *Sleep*, 2013.
88. Pour ma part, je fais une sieste tous les jours – en ratant peut-être un ou deux jours dans l'année – de 18 minutes. Pourquoi 18 minutes ? C'est simple : avant, je mettais le minuteur de mon smartphone sur 20 minutes, mais je me réveillais systématiquement deux minutes avant.

p. 126

89. « Prevention and Treatment of Sleep Disorders Through Regulation of Sleeping Habits », Onen S. H. *et al.*, *La Presse médicale*, 1994, ou le site de la National Sleep Foundation, « The Sleep Environment » : http://olivier-roland.com/sleep-bedroom/, par exemple.
90. « Neurophysiology of Sleep and Wakefulness: Basic Science and Clinical Implications », Schwartz J. R. L. *et al.*, *Current Neuropharmacology*, 2008.
91. « Disturbed Sleep Patterns and Limitation of Noise », Griefahn B. *et al.*, *Noise and Health*, 2004.
92. Je recommande fortement les bouchons EarPeace en silicone.

p. 127

93. « Effects of Exercise on Sleep », Youngstedt S. D., *Clinical Journal of Sport Medicine*, 2005.

p. 128

94. « Retrieval Practice Produces more Learning than Elaborative Studying with Concept Mapping », Karpicke J. D. *et al.*, *Science*, 2011.

p. 129

95. Je recommande Evernote pour cela.
96. « The 30 Second Habit That Can Have a Big Impact on Your Life », Robyn Scot, *Huffington Post*, 2014 : http://olivier-roland.com/30-second-habit/.
97. « Spacing as the Friend of Both Memory and Induction in Young and Older Adults », Wahlheim C. N. *et al.*, *Memory & Cognition*, 2011.

Chapitre 6 : Comment apprendre tout ce que vous voulez, quand et où vous le voulez

p. 139

98. « Do You Read Fast Enough To Be Successful? », Brett Nelson, *Forbes*, 2012.
99. Comme Windows Media Player, QuickTime et VLC pour n'en citer que trois.

p. 140

100. Voir https://des-livres-pour-changer-de-vie.com/personal-mba/ pour le site Web.

p. 143

101. « Former SpaceX Exec Explains How Elon Musk Taught Himself Rocket Science », Feloni R., *Business Insider*, 2014.

p. 147

102. http://olivier-roland.com/khan-academy-youtube/.

BIBLIOGRAPHIE/LIVRES RECOMMANDÉS

Au-delà de tous les ouvrages cités et recommandés dans ce livre, voici une petite sélection de livres indispensables pour les rebelles intelligents.

BUSINESS

La semaine de 4 heures, Tim Ferriss

Vu le nombre de fois que je cite ce livre, vous vous attendiez sans doute à ce que je le mentionne ! On peut ne pas être d'accord avec ce livre, mais tout entrepreneur ou aspirant entrepreneur devrait l'avoir lu. C'est dit.

Pearson, 2010, pour la traduction française.

E-myth : le mythe de l'entrepreneur revisité, Michael Gerber

La version française a été épuisée pendant plus de vingt ans, et je suis heureux que les éditions Leduc.s, éditeur de ce présent livre, aient décidé de la republier. C'est un classique qui explique parfaitement le piège dans lequel s'enferment des millions d'entrepreneurs qui se créent une prison en croyant devenir libres.

Alisio, 2017, pour la traduction française.

MARKETING

21 façons de tirer tout ce que vous pouvez de tout ce que vous avez, Jay Abraham

Derrière ce nom à coucher dehors se cache une des plus grandes pépites de marketing jamais écrites.

Alisio, 2018, pour la traduction française.

Influence et manipulation : L'art de la persuasion, Robert Cialdini

Le classique de l'influence.

Pocket, 2014, pour la traduction française.

La prodigieuse machine à vendre, Chet Holmes

Excellent et court livre dont j'ai écrit la préface pour l'édition française. Il présente plusieurs méthodes 80/20 très efficaces pour augmenter les ventes d'une entreprise. L'art de recruter des superstars en est une.

Éditions Leduc.s, 2014, pour la traduction française.

Ces idées qui collent, Chip et Dan Heath

Le manuel pour diffuser des messages qui buzzent et que retiennent les gens. Aussi disponible sous le titre *Idées de génie*, en fonction des éditions.

Pearson, 2016, pour la traduction française.

SIMPLICITÉ ET ART DE VIVRE

Walden ou la Vie dans les bois, Henry David Thoreau

Excellent roman autobiographique retraçant les deux ans de vie dans la forêt du philosophe Thoreau. Une inspiration à simplifier notre vie et profiter des bonheurs simples.

Gallimard, « L'Imaginaire », 1990, mais des traductions françaises existent chez d'autres éditeurs.

VOLONTÉ ET DISCIPLINE

The Willpower Instinct, Kelly McGonigal

Le pouvoir de la volonté : La nouvelle science du self-control, Roy F. Baumeister

Ces deux livres sont à présent des classiques synthétisant admirablement vingt années de recherche sur le self-control et la discipline. Le premier n'est pas encore traduit en français au moment où j'écris ces lignes.

Le premier : Avery, 2013. Et pour le deuxième : Markus Haller, 2014, pour la traduction française.

SANTÉ

Serons-nous immortels ?, Ray Kurzweil et Terry Grossman

Ne vous arrêtez pas au titre racoleur, ce livre est l'un des meilleurs pour savoir comment vivre longtemps et en bonne santé, tout en étant plein d'énergie, heureux et détendu. En bonus, vous avez aussi un excellent aperçu de ce que va apporter l'irruption de l'information dans la santé et de ses disruptions.

Dunod, 2006, pour la traduction française, mais disponible d'occasion seulement. En anglais, toujours commercialisé et paru sous le titre *Fantastic Voyage: Live Long Enough to Live Forever*, Plume, 2005.

Anticancer, David Servan-Schreiber

Un excellent complément au livre précédent, sur l'art et la manière de prendre en charge sa santé en parallèle du système de santé classique.

Pocket, 2011.

L'ÉDUCATION POUR LE REBELLE INTELLIGENT

Et évidemment, la liste des 99 livres classés dans 24 catégories du Personal MBA est incontournable. La liste complète (en anglais) est disponible sur http://olivier-roland.com/personal-mba/.

La liste complète avec les traductions en français (quand elles existent) et le résumé du livre sur mon blog *Des Livres Pour Changer De Vie* (quand il existe) se trouvent sur http://olivier-roland.com/personal-mba-fr.

AUTRES RESSOURCES

Evernote : un excellent outil pour prendre des notes en toutes circonstances, automatiquement sauvegardées dans le cloud et synchronisées avec tous vos appareils. Est capable de rechercher du texte dans la photo d'un texte prise avec votre smartphone (avec une excellente précision). Je l'utilise entre cinq et dix fois par jour. Vous pouvez jeter votre carnet papier ! Gratuit jusqu'à 2 Go : http://olivier-roland.com/evernote/.

Cours « Apprendre comment apprendre » sur Coursera : en anglais, de Barbara Oakley. Excellente formation en ligne gratuite :

http://olivier-roland.com/learning-how-to-learn/.

Conseil éditorial : Sophie Chédru
Relecture-correction : Anne-Lise Martin
Illustration de couverture : Vaïnui de Castelbajac
Design de couverture : Caroline Gioux
Maquette : Laurent Grolleau
Illustrations intérieures : Vaïnui de Castelbajac

une marque des éditions Leduc
10, place des Cinq-Martyrs-du-Lycée-Buffon
75015 Paris – France

ISBN : 978-2-37935-247-8

MIXTE
Papier issu de sources responsables
FSC® C007507
FSC
www.fsc.org

Cet ouvrage est composé de matériaux issus de forêts bien gérées certifiées FSC®, de matériaux recyclés et de matériaux issus d'autres sources contrôlées.

Le Forest Stewardship Council® est une organisation internationale non gouvernementale qui encourage une gestion écologiquement adaptée, socialement béné-fique et économiquement viable des forêts de la planète. Pour en savoir plus, consultez le site www.fsc.org

Achevé d'imprimer en août 2021 par Graphycems
Dépôt légal : octobre 2021
Imprimé en Espagne